JN084482

時代への向き合い方

――老年期の学問・高齢社会・協同主義

雨宮 昭一

丸善プラネット

目　次

序章

本書は2つのことを明らかにすることを意図している．1つは，人間が，いかに時代，特に歴史と現代に向き合ってきたか，今向き合っているか，をそれ自体というより，論文，研究ノート，書評，時々のブログなどを媒介にして考えることである．もう1つは時代に向き合うその内容である．

① 言うまでもなくすべての人間はそれぞれに時代に，それぞれの生涯にわたって向き合っている．本書ではその人間の内の研究者の場合を考える．つまり研究者にも研究者なりの「青年期」「壮年期」「老年期」があり，それぞれにふさわしい研究の方法，課題があるはずである．それを自覚的に明らかにすることは，1つの「職業」への固定化は自明でなくなる時代になろうが，研究者以外の多様な人々の高齢期の仕事や社会的あり方の参考材料にもなるはずである．それは老年期における研究という領域においても，日本社会が直面している「人生百年時代」という超高齢化社会における高齢者の働き方，位置などのあり方についても，重要な意味をもつ試みであろう．

学問については既に三谷太一郎が「青春期の学問」「老年期の学問」として，「老年期における学問」の意味を明らかにしえない学問観は一面的である」こと，業績主義を本位とする「青春期の学問」だけでは，人生全体に対する学問の意義を語ることはできないこと，ただし，「青春期の学問」のあり方が「老年期の学問」のあり方を決定すること，「老年期の学問」は各論よりも総論的レベルの発展に力点を置くべきこと，それは異なる学問分野との間の学際的コミュニケーションの成立のためにも，プロとアマとの交流のためにも，必要であること[1]を述べている．これに多くを付け加えることはない．確かに創作において青春は短い青年期だけなのか，中村草田男の言うように生涯にわたる「永遠の青春」[2]なのか，青春は短いが創作は老年期まで続くか，は重要である．

また「老年期の学問」の役割を，総論的であることによって1つは学際的コミュニケーションのため，およびプロとアマの交流とすることも説得的である．ただし，それにもう1つ違う論点を加えたい．すなわち，進みつつある日本社会の今後としての超高齢化社会と老年期の仕事との関係である．たぶん現在の70代以下の人々は，高度成長の余剰がないゆえに，一部ではAIの発展などがあるが超高齢化社会を支える高齢者にならざるを得ない．その高齢者の，そのときに苦役でない，楽しい働き方とシステムを今から準備しておく必要がある．それは資本主義的労働のみでない協同主義的労働とも，占有，領有された時間，空間，情報などの「再領有」「再共有」の試みとも関連するであろう．本書での筆者の「老齢期の学問」をその1つの試みとしても位置づける．本書では，研究会，行政，運動，実業界およびそれぞれの世代，階層等々と「老年期の学問」の関連である．本書では若い研究者，タウンモービルを推進しようとする商店会のおかみさんたちやNPO，自治体，地方銀行などと筆者の「老年期の学問」の関係として現れる．

② 第二は「老年」として現実に向き合う内容である．三谷が言うようにその内容はその研究者の「青春期の学問」の可能性の範囲である．本書では筆者の青壮年期の「青春期の学問」の展開として協同主義研究をもって現実に向き合おうとする．その具体的内容は以下のとおりである．

本書の内容と目次

第1章では協同主義研究のさまざまな課題を，その解き方自体の見直しも含めて考える．第2章では筆者がこれまで進めてきた協同主義研究に新たに，社会的連帯経済，再編福祉国家論，MMTを関連させて論じる．第3章では互助と連帯が地域においていかに展開してきたかを，小金井市域の近現代史を通じて明らかにする．第4章では，直接に筆者の「青年期」「壮年期」「老年期」，あるいは「青春期の学問」「老年期の学問」の具体的展開がたどられる．補章ではポスト戦後システム形成過程としての現在のコロナ禍，都市と農村，オンライン研究会，現政権，先蹤の知，アート，表現の自由などに主としてブログへの短文を通していかに向き合ったかを明らかにした．

以上を通して，現代とは何か，その課題は何か，それに「老年期の学問」はいかなる内容で向き合ってきたか，向き合っているか，向き合っていくか，その向き合い方と市民，行政，NPO，企業，若い研究者などといかなる関連をしてきたか，しているか，していくかを明らかにする．

【注】

[1] 三谷太一郎『日本の近代とは何であったか』岩波書店，2017年，267-268頁．

[2] 坪内稔典『四季の名言』平凡社，2015年，111頁．

第1章

協同主義研究のさまざまな課題とさまざまな立ち位置

――ポスト戦後体制期と内外の当事者性，メタ，既成制度

1.　戦後体制とポスト戦後体制模索期

雨宮と申します．拝見しますと，全体としては若い人が非常に多いですね．毛沢東が言った言葉で有名な言葉があります．何かができる人間というのは，貧乏であること，若いこと，無名であることという3条件が必要であると．

だいたい人間，中堅ぐらいになると，あたかも何か自分がやったこと自体に自分が拘束されて，自由にものを考えられなくなりますけれども，その点ではそれに拘束されないで考えられる方が多いのではないかと思います．自分がやったことを基盤にしながらそれを不断に越えること，展開することが，高齢社会になれば一層考えなければならないことです．

ということで，本来は私が報告するつもりではなかったのですが，いろいろな状況でこの羽目に陥りましたから，非常に大雑把なお話をしたいと思います．テーマは協同主義研究会のさまざまな課題とさまざまな立ち位置についてで，それが協同主義研究に関連します．

私は協同主義をイデオロギーとして考えたいと思うのですが，しかしべつにそれをめぐって皆さんがカルトのように，結集してテロでも行うとかという発想は初めからないので，出入り自由で，自分たちのそれぞれ業界に戻って，それぞれのところで展開していくようなこととして，さまざまな価値やさまざまな立ち位置をもってほしいというふうに思っています．

そこでポスト戦後体制と協同主義を考えると，いろいろな問題が出てきて，

べつに今日ただ今のことだけではなくて，歴史的に近世，明治や大正，外国，社会学や経済学など，さまざまな時代と領域のところでのいろいろな問題を考えなければならないと思います．そういうことを考える1つの参考として，ちょうど平成の期間でもありますが，1989年から2019年というのが，意外にまとまった面白い時期だなということに気がつきまして，少しそのことを考えてみたいと思います．

(1) 戦後体制

戦後体制というのは，非常においしい体制です．55年体制にしても，安保体制にしても，原発体制にしても，あるいは中央・地方関係にしても，外交問題はほとんどアメリカにお任せすればあと何もしなくてもいいというお話です．それから，55年体制も，自民党と社会党がうまく慣れ合って，それぞれウィン・ウィン関係をもって，なんとかやっていけるとか．等々，あらゆるものがある意味では，当事者性が与えられないのです．外交ではやはりアメリカにほとんど握られていますから．当事者ではないのだけれども，でも当事者性がないことがまた非常においしいというのがたぶん戦後体制だったと思います．

これが，ガタっと崩れるのがやはり，1989年の冷戦体制の終結です．こうなってくると，どうもこれまでどおりには全部いかなくなってくる．つまり，外交も内政も経済体制も，それから基地の問題と原発問題もだいたいうまくいかなくなる．ガタガタ崩れてくるというわけです．

各領域のものが集まったものが戦後体制だというふうに，私は言っていますが，その戦後体制が崩れて，どうするかという模索が，1989年から2019年のこの30年間はさまざまな形でなされてきたというのがこの時代だと思います．

今までは内外の当事者性はなくても済んだし，メタとベタということで言えば，メタというのはある意味では，全体のシステムの構想みたいなものです．ベタというのは個々の事実みたいなものです．メタのことは考えなくて，ベタで文句でも言っていれば済むという，学問的にも日常生活にもそういうおいしい時代だった．

それから，既成制度と既成の思想，資本主義と社会民主主義を前提にして，二大政党制でなんとかうまくやっていけるという，当たり前と考えられてきたことが，この戦後体制が崩れ始めると，自明性を失っていきます．それに対してさまざまな形での動きがあったわけです．これがたとえば政治改革ということで，まさにこの時期に始まって，政治改革で，二大政党制で，小選挙区制で，政権交代ができてという話であって．それをやったわけです．やったのだけれど，そのとおりには行っていないという状況があって，ではどうするかという問題が今出ています．

それから，日本的経営とか，企業社会体制と言われるものに対して，小泉構造改革という形で新自由主義でやったのですが，格差とか低成長で，その目論見どおりには行っていないという問題．

〔2〕安保問題――９条体制で，かつ属国でない状態とは

それから，安保の問題．これもベルリンの壁の崩壊からトランプの壁というのが，ちょうど1989年から2019年を象徴していると思うのですが．これも非常に面白いのは，この安保の問題だと，世界的に言うと，89年に冷戦が終わって，結局，安保体制というのは戦勝国体制と冷戦体制のいわば接合したものだったわけです．

これが，まず，冷戦が終わってアメリカの一極支配になったわけです．それで，世界中のあらゆる闘争は全部内戦になる．アメリカ帝国のなかの内戦という形で問題が処理されるような．それでイランとか北朝鮮は，ならずもの国家だといって排除して，治めりゃよかったというわけです．

ところが，これがこの89年以降に何が出てくるかというと，ご存知のとおりですが，アジアでは中国が台頭するというふうな事態で，一極支配という自明性が崩れると．かつ非常に近いところでは朝鮮の問題で言うと，朝鮮半島がまさに歴史的なところですけれども，なんらかの形で一体化の方向に行くだろうと思います．

そうすると，中国と朝鮮との関係も入れた形で，かつアメリカが，アメリカファーストか何かで手を引き始めるという状態になってくると，どうなるかというと，今までどおりアメリカの言うとおりにして，アメリカについていても，トランプについても，どこへ行くかわからなくなるという話になってくると，日本自体が当事者として，東アジアの問題をどうするかということを考えざる

を得ないという状態になるわけです.

この問題はまた，非常にいろいろな問題に関わってきますけれども，安保の問題について，この時期，安保法制ができたわけです．この安保法制というのは，すごい微妙な問題なのです．つまり，何かというと，解釈改憲ギリギリで相当のことをやってしまっているということになるわけです．だから，北岡伸一氏なんかが言っていることですけれども，改憲なんかしなくても，日米は軍事的な普通の国関係はできると，それができたのだという話です．これも微妙なのです.

この問題について，注[1]に挙げておきましたけれども，ジョセフ・ナイとかリチャード・アーミテージが，この1～2年ですけれども，改憲はする必要ないと，実質的なアメリカと日本との軍事関係を，もっと緊密にすればいいのだということを言うわけです.

私はそのときに直感的に思ったのですが，これはつまり，9条というのはそのままでおくと，いわば属国の継続です．つまり，9条自体はある意味では事実的な国家としての自立をそれ自体としては否定するものです．ハードな古典的なパワー・ポリティクスで言えば.

問題は，ここも非常に難しい問題なのですが，憲法9条を守るだけでは属国の状態が続くわけですが，たぶん戦後の問題というのは，**9条を守って，かつ属国でない状態がどう可能か**という問題をどうするかという問題に対して，その問題をどう解くかという問題だったわけです.

その問題をどう解くかという問題で言うと，これは非常に微妙なのだけれども，9条を守って属国というのが，ある意味では，アーミテージとかジョセフ・ナイの路線だと思います．9条は解釈改憲でやっておいて，実際上は，軍事的な主権はアメリカが握って，そしてアメリカと日本が共同するという形の継続の問題だと思います.

この前も占領・戦後史研究会で女性の研究者が，やはり岸信介路線がいいと言うのを耳にしました．つまり改憲をして，アメリカからある意味では自立して，沖縄の米軍基地を引き揚げることはそれで可能だと．それを私は聞いたときに，戦後の70年間の護憲，9条プラス，属国でないあり方の一種の敗北というか，敗北ではないにしても，そのことがそのようには実現できなかったという問題が，ああいう若い人にあのように映ったのだなというふうに私は思いました．

しかし依然として，9条を保持しながら，かつ属国にならないようなあり方はいかに可能かという問題を，アジアとの関係も含めてどのように考えるかということは，やはり課題だろうと私は思います．

(3) 沖縄基地問題――全当事者の顕在化

それから，沖縄基地問題というのも，まさに戦後体制の，括弧付きのおいしい話なわけです．つまり，9条を日本で守って，本土で守って，そして武力は沖縄に全部集結して，そこで軍事的な拠点をつくって，9条と安保とアメリカ駐留は非常に「いい関係」で存在するというシステムです．これが1つは，沖縄でまずそれ自体がうまくいかなくなるというのが現在の状態，辺野古問題も含めてです．

そうすると，この問題をどう考えるかが，やはり大きな課題になってきています．このことについては，たとえば，この前の占領・戦後史研究会で明田川融さんの話も非常に面白いのは，当事者は日米のトップしかいないという，実に研究の不思議な構造だと思うのです．

日米のトップが，特にアメリカを中心として，行政協定をいいようにつくっていると．このように巧妙にやっているという話は一貫してされるわけだけれども，そのことでは当事者は日本とアメリカの政治家と官僚しかいないという，そういう構造なのです．

これは，本当はおかしくて，やはり民主主義の国で，沖縄の住民も本土の住民だって，全部当事者なのです．民主主義だから．つまり，平良好利さんが既に指摘しているように，安保の方針も含めて決めているのは，ちゃんとした民主主義の手続きをもって行われているわけだから，本土の住民だって当事者なわけです．

その点で言うと，全当事者をきちっと顕在化させるということをしなければいけないのに，当事者を非常に限定して，右翼であれ左翼であれ，住民はみんな被害者で，それ以外の人間はそこに存在しないかのごとき構造が非常に問題なのです．

これは，たとえば，白井聡さんが，『永続敗戦論』とか『国体論』などで言っていますけれども，あれも非常に面白いというか，問題なのは，つまり，アメリカに従属しっぱなしであるという話です．議論として言えば．

問題は，さっき私が言ったように，憲法9条のようなものを守って，かつ属国にならないような，つまりアメリカに従属しないようなあり方はいかに可能か，という議論を立てるべきなのです．それを立てないで，やはりアメリカが一番上にいる．天皇の上にはアメリカがいて，国体だとかというその構造を指摘するだけでは，事態を何も解決しないということになると私は思うのです．それらの問題もやはり問題としてあるのではないかと思います．

〔4〕原発問題——非軍事的方法による管理とは

それから，原発問題も私の『戦後の越え方』[2]にあるのであまり今詳しく言いませんけれども，本来軍事的なシステムとして原発があるのに，平和的利用として，軍事的リスクを一切負わないで，それを基にして高度成長して，という話なわけです．軍事的リスクも，それから，原発をどうするかという主権的な権力をもたないまま，ずっと原発を利用してきたという話になります．

ですから，僕は原発事故の最中に，ずっと調べたら，すべての国が全部軍隊に原発の管理とか維持とか，事故への対処も，全部特殊部隊をもっているわけです．当たり前なのです．あれはつまり，単に核兵器化で始まっているだけではなくて，あの残ったものは全部原子力兵器の材料になります．だから，あれが世界中に飛散したら，ものすごい事態になるわけです．今だってその可能性があるわけですが．

つまり，まさに軍事的なものなのです．だから，それを，日本の場合に受け取ってしまったから，しょうがないから，9条体制の下で，本来軍事的に処理すべきことを非軍事的な方法で処理するかというのは，日本の課題なわけです．その課題を正面から問題にしなければならないのに，そこはずらして，ダメだとかダメでないとかという議論をすると事態は何も進まない，とこういう話になるわけです．

以上のように，この30年の間にポスト戦後体制という形でさまざまな形での模索があったけれども，それを経て，非常にギラギラした形で，内外の当事者性，いよいよたとえばさっき言ったように，アジアの問題も，アメリカ自体がアメリカファーストとか言って，ある意味では責任を取らなくなってくると，その後，アメリカについていけば何とかなるかというと，ならないという可能性もあります．

そうすると，日本がアジアにおけるあり方の構想を考えざるを得ないということになるわけです．それから，内においても，政治改革についても，それから構造改革についても，それぞれの形が現れてきて，政権交代とか二大政党制とかということでは済まなくなってくるという事態が露呈していると．それから，構造改革では，かなり新自由主義的な状況で格差とか，低成長という問題がある．

だいたい低成長になってきたときに，フリードリヒ・ハイエクなんかが，市場にまかせればいいのだという話．あれはよく読んでみると，やはり外部不経済です．つまり利潤ができないところでは，市場の論理が働かないというところではそれは捨てる．したがって低成長とか，それから利潤が生まないような事態が一般化したときに，そこで人間が生きるときに市場に頼るわけにはいかない，という問題になるということです．

2. 内外の当事者性，メタへの責任，既成制度からの自立と協同主義

（1）当事者性

以上の内外の当事者性，メタへの責任，既成制度からの自立と協同主義という問題についていうと，どうもここでは，たとえば55年体制の問題については，私は二大政党制とか，それから社会民主主義と自由主義の二大政党制とかということの自明性ではもう無理ではないかということで，考えてみると，僕は自由主義と協同主義，それから第一の国体と第二の国体という，四象限で連合政権のあり方を考えたほうがリアリティがあるのではないかというふうに，この本[3]のなかで言っています．自由主義と協同主義と，第一の国体，第二の国体の四象限のなかで考えると非常に展開が面白くなる．

それから，ポスト企業社会体制で言うと，さっき言ったように，互助とか互酬とか，贈与のあり方と，それから膨大な経済成長のストックの問題をどう使うかという問題で考えると，どう見えてくるかということになります．

それから，安保の問題で言うと，さっきも言いましたように，アメリカから自立した構想，アメリカと喧嘩する必要はまったくないのですが，アメリカから自立した構想で，かつ，たとえば憲法9条と属国にならないようなあり方をどう現実化するかという問題を考えるということなどを考えたいというふうに思うのです．

沖縄基地問題について言うと，私の研究ノート[1]やブログ[4]でも書きましたが，これはハッキリしていて，全員が当事者です．道徳的な意味ではなくて，沖縄基地問題は，民主主義国にいるわけですから，全当事者がなんらかの形で関わらなければならないという問題で，その問題を，この前の小金井市議会で，そのすべての地域が自分たちのところに，それをもし持ってくるとすればどうするかという問題を考えて，この問題に対応しなければならないというのは，真っ当な意見です．その意見書を唯一初めて採択したのが小金井市議会です．小金井に私は住んでいて，ここが小金井ですけれども，その請願者は私の知人です．

〔2〕コモンズと協同主義

ちょっと面白いのは，協同主義の問題と関わりますが，『社会の中のコモンズ』[5]という本は，待鳥聡史さんと宇野重規さんが書いています．そんなに大きな本ではないのですが，でも，面白い本です．そこで，たとえば彼らはコモンズというのは，つまり，国家でも私人でもない，国家による中央集権的な管理でも，私的所有権への分割でもない．資源の協同管理だとかシェア経済とか，オープンソースというふうな問題に非常に注目しています（同書25頁）．

僕は共通の関心はもっています．ただ，非常に待鳥さんとか宇野さんと違うのは，彼らは，たとえば，そういう資源の共同管理だから，政党とか，それからマンションの集会所とか，そういうのは全部コモンズだというふうに言います．

つまり，部分的でサブシステムです．ただ，僕が非常に違うのは，やはり内外，それから各領域における体系的なイデオロギーとして協同主義を考えたほうがいいのではないかというふうに僕は思っているところです．これは大きな物語というものよりも，もう少し体系的に，たとえば自由主義と協同主義とのいわば混合経済とかということも含めてですが，やはりそういう体系的に規定したほうがいいだろうというふうに思います．

それから，もう1つ非常に面白いのは，この『社会の中のコモンズ』のなかで，都市の農村化という言葉を使っています（同書14頁）．これは斎藤義則さんがおっしゃった都市の農村化という意味ではありません．ここで非常に面白いのは，このコモンズの著者たちは，いわば，それは前近代の非常に強制的な共同体への戻りであるということで，非常にそれはダメであるというか，警戒しなければダメだと．日本の場合には，すぐ農村化するけれども，そこを何とかしなければならないという議論をずっとするわけです．

ところが，斎藤さんや僕なんかが議論しているのは，これは水戸も含めてですが，都市が，地方都市も含めて空き地だらけです．そしたら，やがてはパーキングなんかやったってダメで，耕地にすればいいわけです．農村化することは意味がある．それは，僕は違う呼び方ですけど，括弧付きで人口が衰微するというときには，その人口が増える前のところに，もう1回戻って，そして人口が増えた段階での思想も入れたソフトやハードのシステムも含むさまざまな資源とかストックを背景にしながらその地域を再形成するというふうに考える．だから，都市と農村の非常に螺旋的な展開というふうに考えるのに対して，宇野さんたちは，近代から前近代というかなり線型的な議論の仕方をしているという点が違います．

それから，もう1つは，待鳥さんは政治学者で，彼が言っているのは正しいと思うのですが，利益で政党が分かれるということは非常に難しくなっている．つまり，利益がだいたい均質化し始めるとか．そうすると政党は，政党の存在理由としての利害を媒介とした政治的組織という側面が非常に弱くなる．

しかしながら，今，非常に世の中が複雑になって，諸利益のリンケージと，それからトレードオフの関係を，ちゃんと定義する専門集団が必要で，それが政党に必要だというわけです（同書170頁）．しかし，逆に言うと，利害も何もなくて，リンケージとトレードオフで政党が支持を受けられるかというと，ほとんど無理ではないかと思うのです．しかし彼らは，それが必要だから，その政党をいろいろなレベルで実現しなければならないというふうに，上から，横から議論される.

3. 地域からの応答

〔1〕これまでの課題とその解き方の設定の仕方自体の見直し

しかし,それはたぶん無理なのだと思うのです．無理だということになると，いったい，どう考えたらいいかという問題になってくれば，ここでは，私は，上から政党自体から考えるのではなくて，地域で現実にリンケージやトレードオフも含めた問題についてどういう応答をしているか．学者の頭で，これまでの既成の理論から考えるのではなくて，問題を考えたほうがいいのではないか．これが「地域からの応答」ということ．僕が見ている，地域からの応答です.

■ 地域からの応答

それから，レジメの第4項の「会員諸氏からの応答に寄せて」ということになります．これはだから，内外，諸領域，諸時代に体系的に関わりますから，会員それぞれが明らかにされるであろう外国の問題からとか，外国での応答とか，違う領域からの応答とか，違う時代からの応答とかというようなことがあります．ここでは地域からの応答です.

これを私は，今たとえば小金井市で，さまざまな研究団体とか，研究というか，結構研究団体がいっぱいあって，これが高級官僚のOBとか，それから新聞社のOBとか，そういう人たちが集まって，いろいろな研究会をやってて，私も出るのですが，それはもう上からの目線で，小金井市の市民も行政も市長もいかにダメかという話を，みんながやりまくるわけです（笑)．いいことはいいのだけれども，それを含めてですが，課題と解き方の設定の仕方が，その人々も似ているわけですが，みんな上からですね，上から．それから外からの評価と方向づけを，みんなやるわけです.

これは政治学者でも，たとえば砂原庸介氏とか待鳥氏なんかも含めて，やはり二大政党制とか，それからあるべき政党のイメージを地域に押しつけるということが非常に多いですね．いい迷惑だと思うのです．どうもそれは違うのではないかということを考えたい．

それから，結構この地域は松下圭一さんたちが頑張ってきて，その影響力が現在もあって，今も地方自治体の当時からの松下圭一さんの弟子たちが，何かすごく大物になって，いろいろ松下圭一理論で話をするわけです．僕は松下先生が好きなのですが，松下圭一さん自体を相対化しないととてもやっていけないのではないかと思います．

たとえば，松下圭一さんの議論だと，やはりベッドタウンが前提なのです．議論の仕方が．だから，たとえば86年に彼が書いた論文では，小金井市というのは後は緑をいっぱいにすればいいのだという話（注［1］の56頁）．これはまさにベッドタウンとして成熟していけばいいのだという話なのです．しかし，本当にそうなのか．ベッドタウン自体がもはや問題になっていると思います．

■ 分権論

それから，もう1つは，これもまさに分権論．私たちはもう分権法案をもってその帰結もわかっているわけです．やはり中央政府も地方政府も，集権も分権も強くならなければならないということです．両方強くなるというのは，量が多くなるというのではなくて，両方が質的に強くならなければならない段階にきてしまっている．だから，分権で，集権のところから分権に持ってくれば何とかなるという時代は，ほぼ完全に終わったのではないかと思います．

それから，これは小金井市をずっと調べていて本当に驚いたのは，実にサークルとか研究会とか，ものすごい量です．このものすごい量が，やはり行政ももちろんかなり補助に入っていますが，やはり社会教育という形で，戦前から旧住民と新住民の女性たちがずっとつくってきたわけです．

そして，これは後からお話ししますが，現実の社会のなかで，楽しみながらボランティアをしたり，ネットワークをつくった形で社会を形成しているのです．行政の役割りも水平的な形で不可欠です．こういうことからすると，社会教育は，上からの教育はもう，住民が非常に成長して，もういらないから，やめるべきという松下理論とは少し違う議論をしなければいけない．

等々，やはり地域のなかから具体的に問題を考えなければならない．そうすると，たとえば，この地域のなかで，ベッドタウンというのは，まさに戦後体制，戦後システムの地域のあるあり方です．したがって，ポスト戦後体制を地域で考えるということは，ここのところでは，ベッドタウンの次，つまりポストベッドタウンをどう考えるかということです．その契機がどのようにあるかということを，研究ノート[1]のなかでは書いておきました．

〔2〕ポスト戦後体制――ポストベッドタウンシステムへの契機

■ 新旧住民の課題解決の仕方

それから，新旧住民の，課題の解決の仕方も面白いのです．今まで新旧住民の問題は，地域でいがみ合って分断して喧嘩し合っているという議論ばかりが多い．多いし，だいたい新住民のなかのアッパーミドルの，少ししゃべれる人間が発信するから，そういうことが非常に多くなる．実際は，現実はそうではないわけです．

1つは，非常に面白いのは，これは協同主義との関係ですが，旧住民たちは，ほとんど生産者組合とか金融組合とかというふうな，自分たちが組合をつくって生産を行っています．という点では，非常に協同主義的です．それから，新住民たちはやはり生活協同組合的なものをどんどん自分たちでつくってやっているというふうな形で，自分たちで問題解決をしている．

さらに，これも非常に面白いのですが，本当に明治，大正の時代って，プールも公会堂も何もないわけです．ないと，青年会の人たちが，自分たちが奉加帳を回して，自分たちで，彼らの勤労奉仕だけではなく，カネを集めたりいろいろなことをやって実現するわけです．

つまり，インフラのハードをつくり，それからソフトもつくるという，社会と地域を形成しているということが非常によく表れています．また，すごく面白いのは，闇経済なんていうのが終戦直後にあります．皆さんも，全然脅かすつもりではないのだけれども，日本が恐慌か何かになったときに，企業も国家も役に立ちませんから．そうすると闇経済をやるしかないです．闇経済というのはだから悪いことではなくて，あれは自主管理です．自主管理ですから，皆さんも，そういう闇経済でたくましく，爽やかに生きるようなことをちゃんと勉強しておいたほうがいいと思います．それは半分冗談だけど，半分本当だと思いますよ．（もちろん注［6］で述べるように敗戦や巨額の戦後賠償などがない，かつ財政主権がある国では，MMTなどに基づき，恐慌は，政策的に避けることはできます.）

そういう点で言うと，これはさっき言った北多摩のフォーラムでいろいろ勉強していて面白いのは，ポルトガルとかイタリアとか，南欧はダメだダメだと言われたところが，実にいいのです．みんなが連帯経済で上手にやっている．皆さんも，新自由主義の口車に乗って，ポルトガルはダメだよなとか，そういうのに乗らないで，普通の人間が非常に危機に落ちたときにはどうやって経済的に生きるかということを，彼らから学んだほうがいいと思います．あれも協同主義というかどうかわからないけど．まあ，自主管理で，企業や国家に頼らないという意味で言えば，1つのあり方です．

それから，特にそのなかの新旧住民の女性が，まあなんとも素晴らしいというか，男はダメなんて言わないけど，男はなんだか，高級官僚とか学者出身とか企業管理職とかが，地域で自らを変えないで停滞すると，ろくなことはないという，僕も含めてだけども．よくわかります．

■ 分断と対立の越え方

それから，分断と対立の越え方の問題．広い意味で，これは『新復興論』[7]の議論が面白いですね．何が面白いかというと，つまり，原発に賛成か反対かということの向こう側をどう見るか．向こう側にどう行くかという問題を，賛成も反対も含めて考えようという議論の仕方を，非常に見事にしているわけです．

そういう点で言うと，たとえば小金井市の150年ぐらいを見ると，やはり新旧住民の激しい分断はあるのだけれども，その分断がどのように，分断の向こう側に行くのかという問題を非常によく教えてくれます．

そのときにやはり，文化と遊びです．旧住民も含めて，非常に文化を大事にして，公民館なんかはものすごく，上からの啓蒙ではない形で，そしてそこに新住民の女性たちも行ってやっているという．それが面白いのは1970年代から80年代に，ずっと顕在化しなくなる．なぜかというと，これは新旧住民の主婦なのです．みんなパートとか働きに行って，主婦でなくなるとかです．それからNPOになるとか．それから，ボランティア的なものが委託になるとかという形で場が進化するわけです．当然，先ほどお話ししたように行政の役割も変わってきます．

しかし，その上で，今すごく面白いのが，それがちゃんとNPOとして機能していて，かつ，後からお話ししますように，女性市議数日本一です．いろいろダイバーシティが必要だとか何とか言っても，どこにもなかなかないわけです．

付記：2020年2月26日の「朝日新聞」に，日野市が高齢化や格差是正のための民生費，および教育費が増加し，歳入が微減して「財政非常事態」になりさまざまな節約も含む対処をしていることを報じています．これは全国的な高齢化，少子化，格差増大，地方分権化の条件の下でのポストベッドタウンの新しい段階の現れのように思えます．

高齢化，少子化，格差などへの対処はそもそも構造的なもので自治体がカバーできるものではなく，「自助」であれ「共助」であれそれに頼るのははっきり限界があります．そうだとすれば，注［6］，注［8］で述べているように，消費税，法人税等の増税による中央政府の再配分の増加と，MMT（現代貨幣理論）からすると収支バランスを判断の基準にせず，それらを前提としてより一層の職，住，育，遊，介護などの再統合を進め，雇用でない働き方で地域の課題にこたえる社会的連帯経済も展開することが考えられると思います．

同日の記事で，私が職住一致の1つの典型として取り上げてきたシアトルで地元発祥の企業が大きくなり，地価，家賃高騰でホームレスが増加するなど格差が生じてきたのに対し，それらの企業の負担も入れた公営住宅を増設する政策や最低賃金の引上げなどが行われているそうです．これも職住一致の新しい段階，バージョンアップの1つです．

〔3〕ポスト戦後体制への要素

■ 新しい政治の舞台

たとえばポスト戦後体制へのさまざまな要素ということで，これは新しい政治の舞台，さっき言った二大政党制で政権交代だとかって，それで，こういう政党でなければいけないというような話も含めて，第一に新しい政治の舞台が必要であること．

第二に，ご存知のとおり立体的な多様性，ダイバーシティが必要だということ．第三に，辺野古みたいに，行き詰まった政策の打開をどうするかということ．この3つぐらいを基準としてポスト戦後体制の要素と考えなければならない．この点について言えば，たとえば，小金井市はこの3つの問題に関われば，女性市議の割合が2006年から日本一でした．今は2位ですが，非常に高い割合です．

これも，よく考えるとやはり，明治以来の新旧住民の女性たちのあの動き抜きには語れません．つまり，やはり，女性が，社会とか地域の形成にかんでいる，という問題です．それから，非常に面白いのは，それとも関係します，現在の市議会では一人会派，少数会派が非常に多いのです．それが，8つぐらいある．しかもそれがみんなそれぞれ全部名乗っていて，自立的に動いています．しかも，その代表は女性が多い．

■ 行き詰まった政策の打開――当事者の顕在化

それから，最近で面白いのは，2018年2月6日に沖縄基地問題に意見書を出す．これは共産党も最初賛成して，後で基地を引き取るのは絶対ダメだとか議論をしたのですが．しかし，ポイントは何かというと，辺野古の問題は沖縄の問題ではない．少なくとも民主主義の国のなかでは，安保も憲法の手続きに従って事態が進んでいるとすれば，その問題に関して言えば，全国それぞれの地域が全部当事者でなければならない．当事者として問題にどう関わるかという問題を，みんなで考えなければならない．それがハッキリするまでは，辺野古はやめるべきという話なのです．

つまり，全当事者を顕在化させるということで，本土の地域の当事者性を初めて明らかにするということをやった．これは上述の沖縄基地集中を自明視する“戦後体制ナショナリズム”を超えるナショナリズムの新たな実現とも言えます．このときの主導は，やはり一人会派の人たちが中心だったのです．

■ 一人会派とダイバーシティ

それから，既成の政党論でない政治の舞台．隣が武蔵野市なのです．武蔵野市は絵に描いたような立派な自治体で，地方自治のメッカみたいなことを言われるわけです．あそこは，一人会派は無所属の2人だけです．後は全部与党，野党にバシッと分かれ，与党，野党になっている．それから，どちらがいいか悪いかではなくて，与党，野党関係というのはある意味では議院内閣制で，与党，野党という形でしか進行しない．

ところが，この一人会派少数会派が多い小金井市では，与党，野党関係ではなくて，二元代表制のある形が実現している．しかもそこで，皆さんが上から外から言ってきた人たちの言っていることが違う形で実現されている．つまり，女性市議の割合が多く，ダイバーシティを実現しているわけです．それから，全当事者の顕在化のような問題の解決の方向を出す等々の形で，実は出しているのではないかということがあって．利害のリンケージとかトレードオフの具体的な政治的解決も含めて，地域から二大政党制や与・野党関係でない形で，実はかなり応答が始まっているのではないかと考えられます．

付記：この報告をしたのが2019年3月ですが，その後，同年8月5日『市民運動新聞』の「どうなる小金井市長選——参院選結果を読む」に「多様性豊かな小金井市には熟議の政治を」(ブログ[9]に収録)との原稿を送りました．そこでは，今まで述べてきたことをまとめて，「先端的で豊かで複雑な地域の首長——市長は」上記の3つの課題を実現するためには，以前のような保守・革新でもなく，与・野党関係，一元的な多数決定でもない，新たな熟議と「多党制」と二元代表のあり方が求められている，と述べました．同年12月8日に行われた市長選挙では，自民，公明，維新推薦の候補者が約1万票，共産党支持で一人会派のいくつかも支持の候補者が約1万票，現職の市長が約1万8千票の結果となりました．保守・革新，与・野党関係でないあり方，熟議による「決定」の仕方などへの支持を，あざやかに示した結果だと思います．

〔4〕会員諸氏からの応答に寄せて

最後は会員諸氏からの応答という問題です．これも，ご存知のように，この研究会は，協同主義で総決起するとかではなくて，僕が言ったような問題が，それぞれの専門領域ではどういうふうに，違う角度から見られるかという議論をぜひ皆さんがしていただければいいだけの話です．

そうすると，内外の当事者性の問題とか，諸領域，諸時代に関わるような問題として，いろいろな問題がつながってくる．だから，今日只今の貧乏臭い話ばかりしても，あまり意味ないわけです．面白かったのは，『ニューズウィーク』の平成の時代の動きをまとめた文献があります[10]．つまり，平成元年から平成の終わりまでニューズウィークが何を言ってきたかということをずっと追っています．そこで非常に面白いのは，日本の国民はほかの国と比べても，非常にハッピーで賢くたくましく生きているという．実際僕もそうだと思います．

■ 日本の医療制度と福祉制度

これは僕も，たとえば入院なんかするととてもよくわかりますけれども，とにかく日本の医療制度と福祉制度はすごい制度です．全然カネがない人間も，治療とかちゃんと面倒をみるシステムができています．これは驚きます．アメリカなんか，とっくにあの人たちは，どこかそこらへんで死んでいると思いますけれども．

ということも含めて，さっき言ったように，おいしいところで，かなりキャパシティをいっぱい広げているようなところとして日本の現実が存在していて，なんか日本は非常にダメという話はダメです．スウェーデンと異なり1億クラスのところでこういう状態をキープするというのはほとんど奇跡に近いというふうに思ったほうがいい．

問題は，それで問題があって，その問題をどうするかという点で，考えるという点で，現実的にも学問的にも，未解決で先端の問題を，私たちは考えたほうがいいと．

僕は，それはやはりたとえば，どこかから持ってくるのではなくて，協同主義のような，今までの日本も含めた，いろいろなものが蓄積されたものを再構成するということも非常に重要ではないかというふうに思っているわけです．

そう考えると，たとえば，王継洲さんがやられて非常に面白いと思うのですが，蠟山政道も非常に面白い．まさに戦後体制言説のメインコンテンツをつくっている人です．本当に思うのは，憲法調査会の話を聞いたときに，まさに日本国憲法体制をなんとか守ろうという形で，つまり第二の国体をやはりつくるわけです，やるわけです．

■ 協同主義の実際

それから，やはり協同主義の問題．蠟山は，資本主義と民主主義は妥当しないと，それは何とかしなければならないということは，戦前も戦後も全然変わらない．かつそこでいろいろな問題があった場合に，福祉をちゃんとやらなければならない，世界的福祉も考えて福祉国家，日本型福祉国家をつくる．そのためにも，開発をしなければならないというふうなことを言っている．

ある意味では矢部貞治も協同主義者なのだけれども，彼もたとえば第二の国体の言説生産に関わるわけです．憲法調査会で，最初は改憲派だった彼が護憲派になって，改憲派の大物たちを見事に手玉に取って，改憲をしないとかという結論を出すわけです．

矢部は，池田内閣のブレーンでもあります．蠟山は戦前，資本主義から生ずる問題の解決として，自由主義でも社会民主主義でもファシズムでも共産主義でもない方法としての「立憲的独裁論」を展開しました．これを池田内閣と協同主義の関係，および第二の国体で言うと，第二の国体の下での立憲的開発独裁と言えます．ちなみに岸信介内閣は第一の国体での立憲的開発独裁と言ってよいと思います．いずれにしても55年体制は一種の「委任独裁」です[11][12]．日本の戦時を開発独裁と共通性が多いという議論がありますが，戦時の日本は国際的影響力が強い点で，開発独裁にあたらず，かえって覇権国家でなくなった戦後のほうが，ドメスティックな点でそれに妥当すると思います．宏池会も自由主義というよりも，たとえば，大平（正芳）などは，あれは協同主義ではないかというふうに，僕はちょっと思うことがあるのですが．

とにかく，そんな自分の言っていることを否定はしないのだけど，ゆるがしているのですが，すごく面白い問題です．それから，歴史的に言うと，これは坂井大輔さんから学んだんですが，やはり美濃部達吉は，立派だよね．デモクラシーで素晴らしいよ，みたいな教育をずっと受けているわけです，僕らは．しかし，穂積八束の言っていることは，また実に真っ当で，市場の猛威に弱者が巻き込まれるということをどう防止するかこそが国家の役割だと，憲法の役割だと．およそ天皇制の野蛮な先導者みたいなものとは違うイメージを出していて非常に面白いです．

この問題を自由論で言うと，話が知的で面白い．だから，明治のことも，今の協同主義の問題を考えるときに，違う光を持っていく，違う意味を持ってくるというふうに，考えています．

■ 資本主義の矛盾の解決の仕方としての協同主義

それから，都市の農村化の問題も，非常に面白い．農村が都市になって，それで都市がダメになって，都市が消滅してという話が，だいたい言われるのです．しかし，都市がダメになったから，農村化すればいいという，ごく真っ当な議論が斎藤義則さんあたりから，たぶんシャープに出されるだろうと．

それから，中国の問題も，中国における問題というのはすごく大事です．僕は言い忘れましたけれども，アジアの構想の問題．アジアの構想を考えなければならないということを言いました，当事者の1人として．そうすると，どこかでだれかが変えていくのではなくて，アジア協同体の問題は，抜けられない，それを排除して何かしゃべるというのは，やはりないだろうと．そこで三木清が言っている問題は非常に面白い問題です．

つまり，資本主義の矛盾を，社会主義的な形でもファシズムでもない形でどのように克服するかという問題を，今までなんか鵺とか言われてきましたけど，そうではなくて，やはりそこをかなり一所懸命考えているわけです．そのために，アジアの協同体もつくらなければならない．

そのときに主導国が必要である．主導国が必要であるということで，みんな文句言うのだけれども，僕は，何かをつくるときには，主導国は絶対必要だと思うのです．

それで，彼が言っているのは，主導国の日本がいろいろな問題がある．だから，日本がちゃんと協同主義の国にならなければダメだという議論をしているわけです．そこが面白い．そのことによって初めて，主導国になれる．これを現在の問題で考えると，今のアジア協同体の問題，戦前の日本のように，日本が一強だということではないけれども，中国が非常に力をもっているということは事実で．中国が主導国として動かなければ動かないということは，事実の問題．

日本とかアメリカとか，ASEANとかインドとかありますけれども，僕から言わせると，主導国は協同主義的に変わらなければならない．だから，中国もぜひ協同主義に今度変わってもらわなければ困るのです．新自由主義と国家資本主義みたいなものであのままいったらちょっと困るわけで．それを協同主義的に変えるということをしてもらわなければ困る．それはもちろん，日本もそうだけれども．ではそういう契機が中国にどのようにあるかということを，たとえば，穐山新さんとか，王さんが明らかにしてほしい，それはちょっと無理かもしれませんが．

それから，ドイツにおける協同主義の問題，僕は単に協同主義はナチスの問題ではなくて，一番面白いのは，中田潤さんが言うように緑の党が実に協同主義的です．これも非常に面白い．協同主義の問題と，原発の廃棄の問題というのは非常に深い連関がたぶんあるだろうと．原発を廃止するところは，だいたい地元の小さい協同組合に自然エネルギーの利権を与えるのです．そのことによって，非常に基盤が強いというようなことも含めてあると思います．

■ 田園都市構想をめぐっての都市計画の問題

あと，都市計画の問題も面白い．今いるこの「マロンホール」は，東小金井駅をつくった人を顕彰したところです．東小金井駅がなんでつくられたかというと，石川栄耀という都市計画の親分がいて，彼は戦前もすごく活躍して，戦後も活躍するわけです．これは中村元さんが明らかにされてすごく面白いのですが．

彼が，ベッドタウンではなくて，ベルト地帯を，田園都市で非常に住みやすいところをつくろうということを一所懸命頑張ってつくったのを，ここの新旧住民がこぞって全部潰しにかかって，潰してベッドタウンになる．だから，この会館の庭の石碑に煌々と書いてありますが，そういうことも非常に面白い問題です.

だから，石川栄耀なんかは，ある意味では社会国民主義派みたいな，そういう自由主義派ではなくて，しかも国防国家派ではないような，そういうあり方があって，そういうものが，このまま潰れるのか，それとも，ポストベッドタウンでもう1回違う形で再編されるのか，僕らの知的財産というか，問題を考えるときのすごく大事な財産になるのではないかというふうに思ったりします.

あと，社会党については，社会党は本当に協同主義者が多いのです．みんな社会党なんか護憲でなんとかって言いますが，民社を含めて協同主義の問題をきちんとやらないと…….

等々のことがあって，考えていると非常に楽しいので，皆さん，楽しみながらやりましょうということで，よろしいのではないでしょうか.

付記：本稿は，第1回協同主義研究会（2019年3月17日，東小金井駅開設記念会館）における報告を基に作成されたものである.

【注】

[1] 雨宮昭一「小金井市の近現代史から市の現状と課題を考える」『地域総合研究』12号，獨協大学地域総合研究所，2019年，56，69頁.
[2] 雨宮昭一『戦後の越え方――歴史・地域・政治・思考』日本経済評論社，2013年，225頁.
[3] 雨宮昭一『協同主義とポスト戦後システム』有志舎，2018年.
[4] ブログ「小金井市の近現代史から市の現状と課題を考える」2018年12月30日.
[5] 待鳥聡史・宇野重規編『社会の中のコモンズ』白水社，2019年，14，25，170頁.
[6] 雨宮昭一「『協同主義とポスト戦後システム』再論」『地域総合研究』13号，2020年.
[7] 小松理虔『新復興論』株式会社ゲンロン，2018年.
[8] ブログ「消費税プラス「反緊縮」？」2020年2月5日.
[9] ブログ「多様性豊かな小金井市には熟議の政治を」2019年9月12日.
[10] ニューズウィーク日本版『ニューズウィークが見た「平成」―― 1989-2019』2019年2月.
[11] ブログ「憲法体制を支える言説生産の場としての憲法調査会．日米解釈改憲体制としての憲法体制」2017年7月28日.
[12] ブログ「蠟山政道の理論の射程」2019年6月30日.

資料「協同主義研究会設立趣意書」

みなさん，有益か，無益か，有意か，無意かはともかくご活躍のことと存じます．こちらも有益か無益か，たぶん無益だと思いますが，前から協同主義の研究会をやりたい，との声もあり，緩く発足しようと思います．

内外で当事者性がなくても済んだ，メタとベタ両者が必要なのに創造されたメタをベタで「批判」し自らのメタをそもそも考えなくても済んだ，自由主義と社会民主主義，など既成の概念とか「思想」を自明のものとして使用して済んだ，またそれらを前提とする二大政党制などの既成政党制度に依拠して済んだ，おいしい戦後体制が終わりましたね．ポスト戦後体制とは内外における当事者性，メタへの責任，既成の思想，政治制度からの具体的自立が客観的に要求されると思います．そのときに協同主義などを考えながら議論するのは楽しいと思います．

現在までに30名の方が参加される予定で，そのほかに何人かは報告を依頼したい方がおります．当面，みなさんは専門家ばかりですから，楽しい知的演技を披露されると思います．上記の方々に勝手に期待することをお話しすると，自覚しないが弱者には冷酷な美濃部達吉と異なり，穂積八束の貧乏人の市場からの保護を「自由権」の一環として論じていることなどの冨江直子さんの著書が3月以降に出るので，それを八束のシャープな研究者の坂井大輔さんに書評してもらう．王継洲さんには協同主義者としての蠟山政道を，山口浩史さんには最新の体系的で実証的な昭和研究会を．斎藤義則さんには都市の農村化と協同主義を．平良好利さんには沖縄論と協同主義を．穐山新さんには中国の合作社と社会政策を．西田裕史さんには軍隊と協同主義を．宮本太郎さんには労働力商品化から自立した社会保障政策を．高岡裕之さんにはベタにこだわりつつ戦後体制とポスト戦後体制における福祉国家の構造――メタを．菊池謙さんには戦後体制におけるワーカーズコレクティブの現実と可能性を，中田潤さんにはドイツ緑の党と協同主義を．雨宮には歴史における都市と農村の協同主義――小金井市近現代史と協同主義を．等々，想像しただけでわくわくしますね．

まあ2，3カ月に1回，1人報告，30分以内，議論，その後軽く懇親，ということでどうでしょうか．関心のある方はご参加ください．

2019年1月10日

雨宮昭一

第2章

「協同主義とポスト戦後システム」再論

――社会的連帯経済，再編福祉国家論，MMTと関連させて

1. はじめに

「協同主義とポスト戦後システム」再論ということで，私が『協同主義とポスト戦後システム』[1]という本を出して，そこでいろいろな議論を提起しているのですが．その提起と，社会的連帯経済，再編福祉国家論，それからモダン・マネー・セオリー（modern money theory：MMT，現代貨幣理論とも言われる）という問題と関連させて，問題をさらに具体的に進めてみようというのが，今日の私の報告の主旨です．

私が上記の本のなかで「無制限の市場支配になりがちな自由主義をコントロールし，ときには市場と国家をデザインする，社会的な連帯と非営利的社会関係によって構成される戦前以来の系譜をもつ，非営利，非政府・非国家の思想」として，協同主義という問題がある．それが国際関係とか政治とか経済，社会，哲学，運動，組織にわたるものであると，非常に大雑把な意味での協同主義の定義を行いました．

それから，時間軸では協同主義と自由主義の螺旋的な循環過程として近現代史が解けるだろうということ．最近だけではないのですが，近現代になってくると自由主義と協同主義がいわば混合する．現実には共時的に協同主義と自由主義が併存し両者の関係と量の変化が，1つの重要な軸になるだろうというお話をしています．

それから，経済のところで提起しているのは，G-W-G，つまり資本主義的

な市場経済というのは，必ずGダッシュ，利潤抜きの経済関係は存在しないわけですけれども，利潤がなくても存在する経済．あるいはW-W，物々交換というふうな形での経済のあり方もこの協同主義経済のなかで重要なポイントになるのではないかということも提起しております．

それからもう1つは，協同主義の問題は結局，単に国内的なシステムだけではなくて，国際的な形での関係が必要だろうと．だから，協同主義の国際的なあり方，フェアトレードなんかも含めて存在するような問題として考える必要があるということを，ずっと言ってきたわけです．以上の意味で，私は協同主義を協同組合主義よりも広い意味で考えています．

最近，『同時代史研究』の最新号[2]で，僕の『協同主義とポスト戦後システム』を文献紹介という形で中村元さんが紹介してくれていて，これは非常によく私の協同主義の問題をまとめてくださっているので，ちょっと配布した参考資料に載せておきました．今言ったことは，もう少しカッチリと書かれているということで．その上で，今言った協同主義のあり方についての問題と，社会的連帯経済とか，再編福祉国家論とか，MMTなどはどういうふうに関連するかということを少しお話をしたいと思います．

2.　社会的連帯経済と協同主義

最初に，協同主義に深く関わるカール・ポランニーのことを彼の著作『大転換』[3]と『カール・ポランニー伝』[4]に即して触れておきたいと思います．彼はジェルジュ・ルカーチ，カール・マンハイム，など同じくハンガリーのユダヤ系知識人たちと活動しています．

『大転換』で彼は本来商品ではありえない労働，土地，貨幣を商品化した事態を大転換と呼び，以後経済的自由と社会防衛の原理が激しく対立する．その対立の行詰りのなかで市場的経済システムが機能不全となり，社会主義，ニューディール，ファシズムが現れた．市場的経済システムは民主主義と対立するが，前二者は民主主義と社会的自由の再生を図ろうとするが，ファシズムはそれを否定する．

そして彼は労働，土地，貨幣を「市場の外」に置くことを主張する（注［3］の455頁）．つまり「脱商品化」です．それを通して市場を民主的方向に従わせるということです．

以上を上記の伝記では詳しい文脈のなかで究明しています．それによると彼は，市場経済と集産的計画経済を批判し，個人の参加する生産者団体と消費者団体との間の交渉による利害調整を通して社会経済を調整，運営しようとする分権的社会主義経済のモデルとしての，ギルド社会主義に好意をもっていたといいます．そのギルドについては社会主義的なそれとイタリアのファシスト的なそれとは異なり，前者は個人自由の「最高の表現」であるのに対して後者はその否定であり，自由主義的資本主義よりもっと「私的所有」が支配する事態をつくる．つまり産業資本主義から始まる「反民主主義のウイルス」を拡大する．資本主義と民主主義は「両立しない」（注［4］の182頁）こと．ポランニーはニューディールを評価するが，それが軍需生産による経済成長の拡大に至ったことを批判します（注［4］の276頁）．なお，イタリアファシズムにおける協同組合もファシズムからの自立性を有しており，反ムッソリーニの動きを体制内部から行っていることは留意すべきと思います（注［5］の39頁）．

（1）非市場的ユートピア

ポランニーおよび伝記作者は労働力の市場化と自然の市場化による社会の壊滅的な影響を抑える非市場的方法を検討します．そのなかで社会民主主義者は最近，社会主義的制度に着手せず，コーポラティズム的な諸制度に取りかかり，それを，新自由主義的路線に鋳直した（注［4］の411頁）．つまりこの間の第三の道の評価です．

伝記の「訳者解説」ではデイルは，ポランニーは，経済を社会に「埋め込む」ことによって「個人の責任と共同体の発展」をともに可能とするような「社会の再統一」を考えていたこと，それはキリスト教とマルクスとの結合を「思想的核心」とし，「資本主義的市場経済の暴走を抑制・調整する」，ハードな方法として，「労働・土地・貨幣の脱商品化」を考えていたといいます．ちなみにそのソフトな方法は福祉国家だといいます．

そして最後に，デイルは伝記で「非市場的ユートピア」の構想こそがポランニーの最大の知的遺産であり，「産業文明を新たな非市場的基礎に移行させる」ためのプロジェクトを構想し続けた．マンハイムの言う，社会の現実を変えるための集団的行為を後押しする，新しく先取的かつ変革的な道標となる思想，としてのユートピアとしての「非市場的ユートピア」であるといいます（注［4］の437頁）．

以上のようなポランニーの思想を見ると，民主主義と資本主義の両立不可能性（蠟山政道，ブログ[6]），協同主義と自由主義の共時性と螺旋的展開，国際的あり方，ファシズムや総力戦体制の位置，ニューディールと軍事ケインズ主義，憲法9条と協同主義，ナショナリズムを超えたナショナリズムと9条ナショナリズム，質的な経済成長と文化と遊び，非雇用労働と雇用労働の再定義（価値転換）と相互性，正規・非正規労働と条件の再定義（価値転換）と相互性と接近，など私が関わってきた検討課題をもっている，あるいはもっているがゆえに，ポランニーを協同主義者と見たい誘惑にかられます．

〔2〕社会的連帯経済とは

社会的連帯経済と言われるものはいったい何かという問題があります．これも章末につけた「文献」も含めてものすごくたくさんの本とか議論があって到底まとめられないのですが，少し大きく言えば，カール・ポランニーの『大転換』のなかでずっと展開されている，つまり経済には3つの経済がある．つまり，互酬に基づく経済，再分配による経済，それから市場による経済．

再分配というのは，具体的には国家が金を集めて再分配するという経済です．それから市場というのはご存知のとおり，商品交換の市場です．それから，互酬というのは，その国家でも市場でも行われないような社会的な互酬関係に基づく経済ということです．

社会的連帯経済というのは，この互酬の論理に基づいた経済というふうに，大きくは言えます．ここもまたさまざまな形でのあり方があって，社会的経済というのはもともとフランスで最初にかなり自覚されて，具体的には協同組合とか，アソシエーションとか，共済組合とか，財団などを中心とした経済．だから，これはおよそ市場的な経済とは違う，そういう経済のあり方です．

それから，連帯経済という言葉，最初は社会的経済と連帯経済というのが別々の形である．特に連帯経済が具体的に発展しているのは，南米などです．特に南米の場合ですと，企業倒産とか失業者が非常にいっぱい出てくる．そうすると，企業に依拠して生活ができないという状況のなかで，たとえば多くの失業者が手工芸品とか，廃物の循環というさまざまな形で，自分たちが協同組合をつくって，それで自分たちの生活を保つとかです．

それから，企業は倒産してしまうと，従業員が協同組合をつくって回復企業を行う．あるいは協同キッチンとかフェアトレードとか，マイクロファイナンスとかいうものを，自分たちがつくり出すという形で行われる経済を連帯経済というふうに言っています．

これがやがては，社会的連帯経済という形で一緒になっていきます．これは，特にEUなんかでも，それが取り上げられたりします．そして，非常に面白いのが北欧型，南欧型，中欧型のような非常な違いがある．どちらかというと，この協同組合を中心として，たとえば保育所を父母たちが協同組合をつくって運営するというふうなことも含めた，かなり民間の協同的なところが大きく展開するようなところは，北欧型．北欧型はそれを国家が促進するような構造になっている．

ところが南欧の場合，スペインとかポルトガルとかイタリアの場合だと，国家もダメで，企業もダメです．ダメというのはおかしいのですが．そうすると，国家にも頼れないし，それから市場にも頼れないような形でのあり方が南欧型ということです．

中欧型というのは，これはドイツとかフランスなんか．特にドイツなんかも含めてですけれども，ここでは，もともとアソシエーションとケインズ主義的な国家が一緒になってるような形が存在して，それがある意味では社会的連帯経済のあり方を決めているということなのです．

最近では非常に面白いのは，韓国でこの社会的連帯経済が著しく展開しています．僕も最近半年ぐらいで知ったのですが．そういう関係の市長が，たとえば大きいソウル市なんかの市長になって，かなり社会的連帯経済的なことをやっています．これは，まだよくわからないわけですけれども，日韓関係とか韓国の反日と反北，日本における「反韓」という形で整理されるあり方とは違うあり方を考える1つの大きな可能性はあると私は思っています．

これは少し飛びますけれども，南北統一による戦後体制の幕引きという状況のなかで，その後どうするかという問題は，国際関係の問題でも，政治経済のシステムとしても，どうしても考えなければならないわけですが，そのときにこの問題をどうするかという問題とも関係すると思います．

〔3〕「もう1つの経済」

それから，もう1つの，さっきのカール・ポランニーの問題も含めてですけれども，「もう1つの経済」という言い方をかなりみんなしています．もう1つの経済としての互助に基づく社会的連帯経済，市場でもなく政府でもないような，そういうものが，しかし単独で存在するということは抽象的には考えなくて，国家をいわば規定する，国家を通して，たとえば総合的な協同組合法案を法制化するとか，そういうことは韓国，イタリア，ポルトガル，それからドイツも含めて，かなりきちんとやられています．

それから，もう1つは，市場への影響の問題で，市場がすべて，まさに市場に一元化されるということを，いわば相対化するようなものとしてある．特に面白いのは，労働市場の問題で言うと，これは後の福祉国家の問題とも関わりますけれども，つまり労働市場というのは，いかにうまく雇用されるか，きちんと雇用されるかという問題にも関わってくるわけだけれども，この社会的連帯経済における働き方というのが，雇用でない働き方，つまり労働の脱商品化の具体的形態です．

これは出資者と，働く人と，政策決定と，消費する人間が，ある意味では同じ人間になるというふうな形での自主管理における働き方というのは，雇用という関係ではないわけです．そういう3つの経済のハイブリッドが必要であるということは，よく言われています．

それから，資本主義が，これはちょっと雑すぎますが，産業資本主義から知識資本主義というふうに，たとえば言われたとして，知識とか情報が非常に重要になってくるというときに，協同主義の問題で言うと，知識とか情報というものの共有とか公有というのはどうありうるかという問題．この問題は，支配的資本が軽工業や重化学工業の場合は，ものを媒介に支配が行われますが，情報・知識資本主義の場合は，直接に人々，人間に関わるので，単に内面操作される側面ばかりでなく，人々，人間が資本をコントロールしたり，デザインできる側面があると思うし，それが現実的に可能だし，展開していると思います．

つまり，知識や情報が私的な形で，利潤の対象にならないような，また政府の統制の対象にならないようなあり方はどうありうるか，という問題をかなり考えなければならない．これは僕の，『協同主義とポスト戦後システム』のところの最後のディスカッションのところでは，かなりそのことを踏み込んでいるつもりです．

あとは，ちょっとこれはあまり大きい例ではないのですが．この前，テレビを見て，台湾で，本屋さんがどんどん潰れていくというわけです．けれども，コミュニティ本屋という形で地域で本屋をつくり始める．それは，農産物との物々交換とか，それから本屋さんをやっている人の知識に基づいて本を揃えるとかです．

それから，等々で，非常にコミュニティに本屋が関わっていて，そこでは儲けないし拡大しない．単純に再生産なのだけれども，一種の持続可能性があるようなちょっと面白いものでした．

〔4〕労働者協同組合

最後に以上の社会的連帯経済を具体的に担う，労働者協同組合，ワーカーズコレクティブとかワーカーズコープと言われている組織の法制化について触れます．日本では，協同組合には農協，生協，中小企業協同組合などあり，それぞれ法人としての資格が法律によって与えられています．しかし，労働者協同組合はそれがないので，それを目指す「労働者協同組合法」を成立させる運動が行われています．企業組合は出資はあり営利性はある，NPOは出資と営利性もない，労働者協同組合（以後，労協）は出資はあり，営利性はない．

その出資で労働と経営が一体となった，その意味で雇用でない働き方で，地域や社会の課題を解決するものとして，労協を法人として位置づけ法制化しようとする動きが，国会では，2008年に「協同出資・協同経営で働く協同組合法を考える議員連盟」（坂口力会長〔公明〕，共産党も含む各会派から副会長）ができました．その後も2017年3月に自民，公明による与党政策責任者会議の下に「与党協同労働の法制化に関するワーキングチーム」（田村憲久座長〔自民〕）

がつくられ，ワーカーズコレクティブ，ワーカーズコープとも意見交換をして，2018年12月20日に法案骨子をまとめ，2019年2月4日に与党政策責任者会議で了承し，2月27日に超党派の「協同組合振興研究議員連盟」（河村建夫会長〔自民〕）役員会で了承しました[7].

まだ，法案として通過していませんが*，この過程が意味するものは，注目に値します．つまり，自民党，共産党，公明党など政党のほとんどの部分が，協同組合，そして労働者協同組合を支持していることです．これは，筆者が日本社会と歴史を，自由主義と協同主義を軸に考え，自民党にも自由主義と協同主義の流れが脈々とあり，公明党と共産党は協同主義の側面が強いことを述べ，それゆえに協同主義は決して孤立した部分的なものではないことを述べてきましたが，それが一面で表現されていると思われます．

3. 再編福祉国家論と協同主義

（1）再編福祉国家論とは

それから，第2番目は，再編福祉国家論と協同主義の問題です．このことについては，福祉国家論の人々はいっぱいいろいろなことを言っていますが，まとめてみると，フォーディズム，大量生産，大量消費が行われて，そして労働者がお金を使って大量消費をして，それでかつ国家もフォーディズムに即した形で福祉国家ができるというシステムが，だいたい20世紀の前半には確立して，ということになっています．

ところが，フォーディズムがダメになって，福祉国家も後退するという状態になってきて，では，それはどうするかという問題が問われてきたというのがだいたい再編福祉国家論のお話です．そのときに面白いのは，脱商品化です．G・E-アンデルセンが『福祉資本主義の三つの世界』[8]という有名な本を出しています．

そこでは，福祉国家というのは，どういうタイプがあるかということを述べ

＊　2020年12月4日，第203回臨時国会で全会一致で可決・成立しました．

ています．最初に少し説明しますと，自由主義型というのは非常に小さな政府で，小さな政府という形で福祉国家を形成するという，アングロサクソン系，英米系がそうだと．

それから，保守主義型というのは，中欧，ドイツなど大陸系だと．そこでは，旧来の家族関係があって，そしてその1人の男が1人で稼ぐという形で存在していて，それの関係を助けるのは保守主義の福祉国家．

社会民主主義型というのは，脱商品化を非常にやる傾向が強い．脱商品化というのは，世の中は全部商品関係で成立するけれども，特に一番大事な商品というのは労働力商品であること．労働力が商品にならなくても，労働力商品が使えなくなっても生きていける状態をつくるというのが，脱商品化の福祉国家．それを社民主義はかなりやったのだと．そういうタイプだというわけです．

これについて，特にさっき言ったように，福祉国家の再編という問題は，そういう脱商品化を再商品化に転化し始める．これはご存知のとおり，新自由主義の状況に移ります．そこで，フォーディズムの後というのはネオリベラルで，ネオリベラルの場合だと脱商品化から再商品化に展開する．再商品化というのは，労働力を売らなければ，労働力も商品として売るということを前提にした上での福祉の問題を考える．

それは具体的には再商品化という形で表れる．福祉のさまざまな問題を民営化するとか，民間資本に渡すという形での福祉それ自体をいわば商品化するということもある．もう1つは，後からもちょっとお話ししますけれども，労働力の再商品化．これは非常に微妙なのは，「第三の道」と言われていて，イギリスのブレア政権の時代にヨーロッパでも一時流行ったわけですけど．しかもこれが中道左派かなんかがやるわけです．

つまり，適合しなくなった労働力を次の労働力商品に合うように訓練する，ワークフェアというか，アーティキュレーションとかというような言葉で再商品化するということが，いわば存在してきたと．もちろん，雇用でない再商品化ではない労働能力の更新は必要で，更新は労働力再商品化と分けて考える重要な課題です．

それからもう1つは，脱家族化．脱家族化というのは何かというと，女性が働き始める．そうすると，男が1人で稼いでというシステムが失われてくるということになります．脱家族化は，確かに女性が働ける状況をつくるのですが，女性労働力の商品化としてでもあるということになるわけです．

〔2〕福祉ショウビニズム

もう1つは，それとの関係もグローバルの問題が入ってきて，福祉ショウビニズムという形で，かなり小さくなったというか，減少された福祉国家で，ニューカマーが来てパイを奪うことに対して激しい反発があるというような形になる．

新川（敏光）さん[9][10]がこういうことを説明していて，ちょっと飛躍しすぎていると僕は思うのですが，そのためにはベーシックインカムとコミュニティが必要だということを言っています．これもそのとおりなのだけれども，リアリティの問題としてはもう2つ，3つ，何かが必要ではないかと思います．

今もお話ししましたように，この福祉国家の再編の過程で，たとえばブレア政権の「第三の道」，ワークフェアというふうな形での雇用政策が大々的に展開される．このときに，これは新川さんもそうだし，いろいろな人が言うのだけれど，ジェンダーも含めた労働力の商品化の問題でもあるし，再商品化の問題でもあるということになります．

新川さんはそれに対して，福祉政策は雇用政策に代替してはいけないと．社会権に基づいて，福祉国家の問題は依然として考えなければいけないということを言っています．

〔3〕協同主義型の福祉国家？

もう1つ社会権の問題というのは，たぶんメンバーシップに関連するシチズンシップの問題だと思うのですが．その問題でもあるのだけれども，先にお話しした賃労働でない働き方の問題をもう少し考える．つまり，オルタナティブを考えるのだったら，雇用でない，つまり労働力商品化でない働き方に関わる社会的連帯経済のようなことが必要だと思います．

エスピン＝アンデルセンは，コーポラティズムが脱商品化と公共投資をマーケット以外でも民主的に行うものとしているし（注［11］の141頁），そのとおりですが，しかしその労働組合は，労働者を商品とする立ち位置が前提になっています．つまり，福祉国家論における脱商品化は，先に述べたカール・ポランニーの3つの経済で言えば，国家の再配分に依存する点で言えば，国家と市場の経済と異なる相互扶助の経済，および雇用と異なる自ら出資し，自ら働く働き方が，足りないということです．だから，ポランニーが言ったようにコーポラティズムがネオリベラルに適合する動きもしたわけです．

それから，もう1つは，そういう社会的連帯経済の，国境を越境するというふうな形をどう考えるかということが大事ではないかというふうに思います．以上のように，内外の労働や自然の脱商品化を具体的に経済においても政府においても実現しようとする「福祉国家」を考えると自由主義・保守主義・社民主義のタイプでない，協同主義タイプの福祉国家ということが考えられるのではないかというふうに，今のところ考えています．

それからもう1つは，この再編福祉国家の問題で，ちょっと面白いのは，福祉の問題は，法的に見ると共同体法のような形で福祉が行われていたのを，近代になってくると，それは民法の関係としてやるのですが，それに対してさっき言ったような福祉国家への動きは，社会法を中心とした形で正当化されたり，編成されたりするのです．これはたとえば，ネオリベラルで，福祉国家再編の場合には，もう1回民法に戻る，福祉の問題ということになります．僕の議論で言うと，螺旋展開で言えば，その後はダッシュ社会法と共同体法であるかどうかということについては，法律の方に検討してもらいたいと思います．

4. MMTと協同主義

(1) MMTとは

それから最後ですが，これはMMTと協同主義の問題．これは乱暴にも政治学や歴史学と関連させるのは初めてで，とにかくまったく最初からやり始めるという状態でした．まずMMTとは何かということを簡単に説明したほうがいいと思うのですが．これは配布した参考資料の1，2，3です．これは，『MMT貨幣経済理論入門』[12]から，ちょっと読みます．

・通貨発行権のある政府にデフォルトリスクはまったくない．通貨がつくれる以上，政府支出に財源の制約はない．インフレが悪化しすぎないようにすることだけが制約である．
・租税は民間に納税のための通貨へのニーズをつくって，通貨価値を維持するためにある．総需要を総供給能力の範囲内に抑制してインフレを抑えるのが課税することの機能である．だから財政収支の帳尻をつけることに意味はない．
・不完全雇用の間は通貨発行で政府支出をするばかりでもインフレは悪化しない．
・財政赤字は民間の資産増（民間の貯蓄超過）であり，民間への資金供給となっている．逆に，財政黒字は民間の借入れ超過を意味し，失業存在下ではその借入れ超過（貯蓄不足）は民間人の所得が減ることによる貯蓄減でもたらされる．

ほかのMMTに関する解説よりもすごくわかりやすかったのだけれども，こういうことです．通貨発行権のある，これはつまりギリシャとかがなんで経済危機になったかというと，通貨発行権のある中央銀行をもっていなかったということがあって，もしそこがある場合には制約はない．だからインフレとの関係で制約すればいいのだというわけです．

それから，租税が非常にポイントになるのだけれども，通貨のニーズをつくって維持するためで，総需要を総供給力の範囲内に抑制してインフレを抑えるのが，課税することの機能だと．だから財政支出のほうでは帳尻をつけることに意味はない．たとえば，ちょっと後から言います，特にワイマールなんかの場合には，そもそも外側から賠償金をむちゃくちゃにかけられて，かつ供給能力が消費能力に追いつかないという状況であって，だからハイパーインフレがどこでもどの場合でも一般化するということはありえない．

それから，もう1つは，だから，財政は不完全雇用を完全雇用に行かせるまでにすればいいと．それは今言った，供給と消費の関係の問題．だから財政赤字は実は民間の生産が豊かになっているということであって，黒字はかえって失業を増やすという問題があるのだという話です．もっと細かいことはいっぱいありますが.

ただ，もう少し言うと，資本主義の拡大再生産としての成長をいつもあるかどうかということは，これは1つの問題だけれども，少なくとも失業とインフレとの関係で，いわば積極性財政政策を行うということは何も問題がない，ということを言っているわけです．これも非常に説得力がありました.

〔2〕アンチMMT

もう1つは，同じくランダル・レイさんが言っているのですが[12]，だいたいこういう反発が起きるというわけです.「クレージーだ！」と．それから,「ジンバブエだ！　ワイマールだ！」．つまり，ジンバブエもハイパーインフレで大変だし，ワイマールもひどい目に遭って，あれがファシズムになったという話です．また「お前たちは，我々の経済を破壊する！」という，つまり均衡財政で小さい政府で，だからこれはある意味では自由主義経済を破壊する理論だという話です．ある意味では不況というのは，非常に労働力が安くなっていいわけですから，それを不況とか，悪いことだと言わないということとも関係するわけです.

「お前たちは，不潔で，左翼で，共産主義のファシストだ！」と．これも非常になんか説得力があって，ある意味では1929年の大恐慌のときに，その問題，まさに自由主義経済のツケがバッと出てきたわけです．それをどうするかというときに，ソ連が5カ年計画で着々やっている左翼だと.

それから，共産主義は共産主義，とにかくファシストもナチスも，かなり違うやり方であるけれども，完全雇用に持っていくというふうな形にする．等々の状態を言っているわけです.

課題なのは，自由主義の行詰りの打開として，ナチスとか翼賛体制とか，総力戦であるとか，ソ連とか，ニューディールとかでない解決の可能性と方向性を考える必要があるだろうという意味を考えなければならないですね.

たとえばニューディールというのも結局，軍事ケインズ主義になってしまうという時代があったわけですから，そうすると，軍事ケインズ主義でなくて，国内需要，生活産業を中心とした形で困難を乗り越えるようなあり方をどう考えるか，ということになってくるのではないかというふうに思うわけです.

〔3〕日本の戦前の財政問題

そうすると，ちょっとこれは日本の戦前の問題にも関わってきますけれども，例の井上財政というのは，まさにこの金本位制なんていうのは，このMMTから言わせると，ほとんど犯罪に近いというわけです．ポランニーも，金本位制は自由市場経済を支えるシステムだと言っています．つまり，非常に硬直になって，結局，失業とか，それから極度のデフレを，結局システムでつくるのだと．だから金本位制で緊縮財政の井上財政というのは，これは政治史なんかでは大正デモクラシーの輝かしい，リベラルデモクラシーとかいう話になっているわけですけれども．これはこのMMTから言わせると，ほとんど犯罪に近いと，こういう話になるわけです．特に先にお話しした巨額な賠償のあったドイツと違って政策の選択の余地は十分あったのですから．

そうなってくると，ある意味で井上とか自由主義派ですけれども，政友会の積極財政というのを，高橋財政も含めてどう考えるかというのはもう一度深く考える必要があるかもしれない．

しかも国防国家派の積極財政と区別することができるか，できないか．たぶんできる可能性がある．それから，天皇機関説事件なんかでは，反動派とも，いわば提携するという問題がありますけれども．この問題を，財政政策の問題として考えるとどうなるか．そうすると，国防国家派や反動派と政友会は一見似ているようであるけれども，かなり区別して，ケインズ主義と軍事ケインズ主義とか，戦争への道と，戦争ではない形での不況の脱出の問題のなかでのたとえば政友会の積極財政の問題の評価みたいな問題にも出てくるのではないかというふうに思います．

それから，僕は『協同主義とポスト戦後システム』の本のなかで，安倍政権論を出していて，安倍は実は単なるネオリベラルではなくて，新ケインズ主義という形を行っていることは，安倍が支持される非常に大きな根拠になっているはずであると．そのことと，第1の国体に戻ろうとするということとを一緒くたにしないほうがいいだろうというふうに言っているのは，この問題に関わっています．

〔4〕文化的遺伝子

それから，ちょっと面白いのは，このMMTの人がいろいろなことを言っています．これはたとえば，レイが言っていることですけれども．

> 我々には，貨幣の新しい「文化的遺伝子」が必要である．
>
> その文化的遺伝子が，市場，自由な交換，個人の選択から始まることはありえない．我々には社会的なメタファー，すなわち私益最大化の論理に代わる「公益」が必要である．我々は，政府が果たす積極的な役割，および政府による我々の役に立つような貨幣の利用に，焦点を当てなければならない．
>
> 政府は，公益のために通貨を支出する．政府は，支払いにおいて通貨を受け取ることを約束する．租税制度は通貨を背後で支え，我々は通貨を強固なものに保つために租税を支払う．

ちょっとこの「公益」というのもまた非常に難しくて．例の大政翼賛会をつくるときに，私益ではなくて公益って言うのは，いっぱい言われていて，それとこれはどう違うかという問題は，検討しておかなければいけないというふうに思います．

だからそうすると，たとえば緊縮のリベラル，反緊縮のショウビニズム．ショウビニズムはかなり反緊縮という形もあるけれども．そういうあり方でない，できるなら反緊縮で協同主義が考えられないかということです．そして，ある程度いったら自らが緊縮をする協同主義という形での考え方はありえないかという問題は考えてみたいと思っています．

また反緊縮の人は消費税に断固反対というわけですけれども，僕はどちらかというと，消費税はある程度，20パーセントぐらいまで持っていって，セーフティネットの基盤を非常にステーブルな形で国家としてセーブしておいて，それにMMTを入れて，方向性をつけて協同主義という形になるのがいいのではないかというふうに思っています[13]．

5. むすびにかえて

最後ですけど，経済システムにおける社会的連帯経済の問題と，福祉国家の再構成の問題と，財政政策としてのMMT，この三者が今ずっとお話ししたように，最初に言ったG-W-G，あるいはW-W，それから国家と市場のデザインということに，非常に適合的に存在するのではないかというふうに思っています．これら三者は協同主義を豊かに展開することを可能にすることがよくわかりました[14]．

付記：本稿は，第5回協同主義研究会（2019年12月15日，東小金井駅開設記念会館）における報告を基に作成されたものである．

【注】

［1］ 雨宮昭一『協同主義とポスト戦後システム』有志舎，2018年．
［2］ 中村元「文献紹介・雨宮昭一著『協同主義とポスト戦後システム』」『同時代史研究』第12号，2019年12月．
［3］ カール・ポランニー『大転換』東洋経済新報社，2009年，455頁．
［4］ ギャレス・デイル『カール・ポランニー伝』平凡社，2019年，182，276，411，437頁．
［5］ 雨宮昭一『戦時戦後体制論』岩波書店，1997年，39頁．
［6］ ブログ「憲法体制を支える言説生産の場としての憲法調査会．日米解釈改憲体制としての憲法体制」2017年7月28日．
［7］ 日本労働者協同組合（ワーカーズコープ）連合会『日本労協新聞』号外，2019年4月8日．
［8］ G・E-アンデルセン『福祉資本主義の三つの世界——比較福祉国家の理論と動態』ミネルヴァ書房，2001年．
［9］ 新川敏光編著『福祉レジームの収斂と分岐』ミネルヴァ書房，2011年．
［10］ 齋藤純一編著『福祉国家，社会的連帯の理由』ミネルヴァ書房，2004年．
［11］ 井戸正伸「「資本主義デモクラシー論」の可能性」『思想』1990年10月，141頁．
［12］ L・ランダル・レイ『MMT貨幣経済理論入門』東洋経済新報社，2019年．
［13］ ブログ「消費税プラス「反緊縮」？」2020年2月5日．
［14］ 以下の文献も参考にした．ジャン・ルイ・ラビル『連帯経済』生活書院，2012年，藤井篤史ほか編『闘う社会的企業——コミュニティエンパワーメントの担い手』勁草書房，2013年，白石孝編『ソウルの市民民主主義』コモンズ，2018年，廣田裕之『社会的連帯経済入門』集広舎，2016年，富沢賢治『社会的経済セクターの分析』岩波書店，1999年，ひとびとの経済政策研究会『反緊縮政策マニフェスト2017』2017年．

第3章

小金井市の近現代史から市の現状と課題を考える

1. はじめに

小金井市は1958年に生まれ，今年は60周年にあたる．このときに改めて市の現状と課題を小金井市域の社会，政治，経済，文化の歴史のなかで考えることは意味があると思われる．それは同時に日本，アジア，世界が当面する課題，ポスト戦後体制への課題の解決としての地域，基層からの応答にも連なるだろう．

本章では第一に，この地域の住民は課題を解決するためにいかに互助や連帯をし，社会を形成してきたか，第二に，農村地域→農村･工業地域→工業･ベッドタウン都市→ベッドタウンと短い間に変化したこの地域の構造の今後の方向を歴史的にどう構成するか，第三に，政策決定の困難さをどう考えるか，の3点を考えたい．

まず，第一について，課題とは解決すべき困難として現れる．現在における市の課題の背景には低成長経済，財政難，高齢化，少子化，格差，孤独化など日本全体の困難がある．小金井市域の住民はたとえば近現代において「地元民」―「墓持ち―墓なし」「旧地主―本家・分家」「新地主」，「よそ者」―「来たり者，来去り者」等々がどう動いたか．

違う角度からは長らく社会の主人公であった日本人，男性，健常者，正社員，壮年，およびそれら以外の外国人，女性，「障害者」，「非正規社員」，高齢者や若者はそれぞれどう動いてきて，関係はどう変化してきたか．

これまではそれぞれの住民の対立と分断として語られてきたが，ここではそれぞれの住民による生活の困難の解決の仕方としての互助や連帯を“思い出し”持ち寄り，結びつけることによって現在の課題の解き様を考えたい．それは同時に対立と分断の次を，あるいはその越え方＝超え方の過程として考えることでもある．

2. この地域の社会形成過程 ——互助と連帯と

(1) 近世から近代へ

小金井市域の近世はどのようなものであったろうか．それは天領であり，上小金井村，下小金井村，貫井村，下小金井新田，貫井新田，梶野新田，関野新田の7つの村である[1]．それらは明治維新以後つくり出された「行政村」との比較で「自然村」と呼ばれ，農業中心で，人々が歩いて通行する範囲であった．

この地域の近世における天領，「自然村」，農業中心，という特徴は，現在までの生活と課題にも関わる．天領は，武士が日常的に身近にいて庶民の経済や精神生活を不断に規制していた藩領とは異なり，統制がゆるくそれゆえ庶民は相対的に自由で自立性が強い[2]．また，「自然村」ということは人が歩く範囲というある普遍性をもち，近代ではほぼ小学校区と重なる．この範囲は現在の子育て，医療，福祉などの生活圏に対応する[3]．

農業中心は1920年代まで続くが，そこでの住民が「地元民」のもとである．そこでは自ら各生産者組合，金融組合などをつくって生産を行っている．さらに青年会，女子青年会，がつくられ自ら学んだり遊んだりし，また地域に公会堂（前原青年会），劇場（上山谷青年会），プール（貫井青年会）などをつくるためのネットワークづくりや募金，勤労奉仕などを行い実現している．地域に必要なソフトとハードを自らつくっていくのである．

(2) 小金井村から小金井町へ

小金井市域のもとである小金井村が明治21 (1888) 年にできたときは，養蚕を中心とする農業中心の地域で，人口は1600余人であった．

1925年武蔵小金井駅開設などで交通の利便がよくなり，「商家並びに工業亦興り」(注 [4] の「町制施行式辞」1937年2月15日)，人口は9200余人となる．また東京高等蚕糸学校 (後の東京農工大学)，鴨下製糸所，昭和工業，小金井製作所，帝国ミシン (蛇の目ミシン)，横川電機の各工場ができた．さらに商工業者，官公吏，会社員，自由業に従事するものが「七割五分ヲ占メル」(注 [4] の「村会議決」1937年1月30日) に至る．そこで特に「知識階級人士ノ居ヲ定ルモノ多ク」(注 [4] の「町制施行式辞」1937年2月15日) なる．一方，消防組，軍人分会，愛国婦人会，青年団が活動し，信用購買販売利用組合も業績を挙げているという．

急増した新住民と旧住民との親交団体もつくられる．1934年現在で会員216名，うち「地元」45名である (注 [4] の「昭午会会則，名簿」1934年2月)．

1930年代の小金井市域は第2次，第3次産業化，つまり都市化が激しく進む．その産業の人口も75パーセントを超え，それらが住宅をつくる．一方，旧住民は従来の方法で生産，消費，社会生活を営んでいる．そして新旧住民の交流もなされている．

このようなこの時期の市域の状態に戦争がソフト，ハードにわたって新しい条件を与えていく．

(3) 戦争と地域の変化

1937年2月に小金井町ができて5カ月後の7月に，日中戦争が始まる．この戦時体制の前後の時期に，さらに工場が建設され，37年には首都圏防衛のための陸軍小金井大緑地 (90ヘクタール)，38年には陸軍技術研究所 (175ヘクタール)，などがつくられる[5]．それらに従い人口も，町になったとき約9千人だったのが44年には1万6千人になる．つまり戦時期のハードの領域で都市の条件がつくられていく．

さらにソフトの領域では生活必需品の供出と配給，町内会・部落会の創設，精神動員運動，3つの婦人団体の統合，都市の女子青年団の農村共同炊事などへの動員などが行われた．以上を通して旧住民と新住民，都市地域と農村地域，世代間，多様な階層間の間のコミュニケーションが強制されたことにより，それぞれの間に社会的な混住が進んだ．

1945年8月の敗戦から始まる小金井町の戦後は，戦時中につくられたハード，ソフトにわたる工業化，都市化，混住化のなかの軍事色を抜いて地域をつくっていく．ハードでは各工場の軍需産業から民需への転換，膨大な大緑地や陸軍研究所の教育施設や公園への転換などである．これらにより公園の多い学園都市の条件ができる．

一方，行政は戦時からの連続もあるが失業救済や国民健康保険条例をつくり町民生活の支援をする．住民自らは戦災やインフレへの対応として自ら生協をつくり，青年会や婦人会が地域の福祉に携わり，同時に公民館企画実行委員会制度などをつくり公民館を中心とする地域の文化活動も行っている．

こうして敗戦の混乱のなかで新・旧住民，諸階層の人々は困難な自らの生活を互助と多様なつながりによって展開している．それに加え個々人は買出し，自家菜園による自給自足，闇経済への対応などを行っている[6]．これらの経験は戦争でなくてもこれから同様の困難に遭う場合の大事な財産となろう．

(4) ベッドタウンへ

戦時，戦後混乱期を経て，この地域は住宅と工場の町として50年代から始まる経済の高度成長を迎える．しかもその前に，多摩を含むこの地域はある選択をしている．1956年の首都圏整備法では，この地域は工場と住宅が，つまり人口増加を抑え働く場所と住む場所が近接した農地も含む緑の多いグリーンベルト地帯として構想されていて，それは職住が分離するベッドタウンとは異なるものであった．この地域でも小金井町議会決議など[7]このグリーンベルト構想に反対の動きが広範にあり，東小金井駅設置もその一環であった．

かくして「住宅地として発展が期待され」[8]るベッドタウンとしての方向で，1958年10月人口約4万人の小金井市が誕生する．こうして工場，農地など働く場は縮小され住宅地化と市街化が一層進む．このなかで生ずる地域の生活の仕方に関わる新生活運動に，婦人会，自治会，子供会などが取り組み，女性の権利や平和のための婦人有権者同盟支部ができ，母親大会，原水爆禁止運動が取り組まれた．障害者福祉，保育所，学童保育などの充実への運動，そして文化や人とのつながりをつくるために公民館を中心としてたくさんのサークルができていく．

しかしベッドタウンを選択した上での，急速な高度成長は無秩序な開発，必要とする公共施設の未整備，環境破壊などをもたらし，これまでの方法では済まない事態をもたらす．

〔5〕ベッドタウンと高度成長と「革新市政」

急速な高度成長は急速な人口移動を伴い，特にベッドタウンを選択した地域では，ソフト，ハードにわたる生活インフラの必要とその不在の間に巨大なギャップをもたらした．小金井市も同様であった．60年代から70年代にかけては，それゆえにこの市でも，汲取り・ごみ収集，保育，高齢者医療費無料化も含む福祉，人口増に伴う高校増設，図書館増設，消費者保護，在日朝鮮人の国民健康保険適用の要望など切実で緊急かつ全面にわたる運動が激しく噴出した．

これにこれまでとは異なる対応として小金井市にも1971年に「革新市政」が誕生する．市長はこれらの困難を「市民生活の最低保障」を実現するために「市民参加」と汲取り・ごみ処理，保育などのまさしく緊急で切実な課題に総力を挙げるために「市直営」などの方法をとった．これらの方法は当時の段階には適合的であり，市議会でも合意があった．これらを通して上記の課題と要求は一定程度実現する．つまり上記のギャップを埋めたのである．それは同時にこれまでの社会における主体であった日本人，男性，健常者，正社員，壮年，以外の，外国人，女性，「障害者」，高齢者なども社会の主体となっていく過程でもあった．

しかし「革新市政」が生まれて2年後の1973年には，「石油ショック」をきっかけとして経済の低成長が始まる．それゆえに財政難が始まり，再開発を望む市民からは投資的経費の増加を可能にする行財政改革の要求が起き，それが1975年の「保守市政」の誕生となった．この「保守市政」はその後も続き，ある市政では，農地の宅地並み課税と宅地課税，公共建物の場所決定，農地の公共団体への売却など課税，行政上の優遇措置をめぐる対立があり，市長が退陣に追い込まれることもあった[9]．そして，この70年代前期の過程も含む多様な市民，政治家などの努力によって課題を解決してきた現代は，これまでの新旧住民の利害を背景とする「保守」「革新」の対立の次元を越えた段階に入ったと思われる．

3. 地域構造の変遷と展望

（1）ポストベッドタウンへ

これまで見てきた小金井地域の近現代史から市の現状と課題を3回にわたって考えよう．第一はこの地域の構造の今後の方向を歴史的にどう構成するか，第二は地域の人々の生活の困難の解決の仕方，第三は政策決定の困難をどうするか，である．

第一については，この地域は短い間に農村地域→農村・工業地域→工業・住宅地域→住宅地域と変化してきた．この地域を「郊外」とする議論もあり，また松下圭一はこの市をベッドタウンとしていくことを前提として1986年に講演をしている[10]．現在もベッドタウンを前提とする議論が多い．ベッドタウンの特徴は高度成長期における地域の住への特化，特に職と住の分離である．それゆえそれは低成長，高齢化，少子化，財政難，産業構造の変化でこのままではいかないと筆者は考える．

低成長で人口が減少しても持続可能な，しかも外から人を呼び込むよりも，「職，住，育，学，遊，介護の再結合」による地域内循環と「グローバル，ナショナル循環との結合」による地域再形成としての「ポストベッドタウン」の方向が必要だろう[11]．そこでは分権か集権かではなく分権も集権も，つまり政府も社会も地域も強くなければならない．

たとえば職と住の再結合，再近接については，筆者の調査によれば近現代の旧住民の5代目6代目，戦時戦後激増した新住民の2代目3代目の何割かは地元に暮らし，地元の企業，事業所に就職している．相変わらず高度成長期のように外からの不特定多数の人々の獲得合戦をするのではなく，現在この地域に住んでおり，育っている人たちが将来にわたってこの地域で豊かに生活できることを考えたほうが現実的であろう．それゆえ歴史的につくられた，公園が多い，工場用地が少ない，初等中等教育の水準が高い，高等教育機関の多いこの地域に内外に通用する，広い用地を必要としない本社となる企業，事業所，起業を今，この市の初等中等教育で学ぶ子供たち，すなわち旧住民の7代目8代目，新住民の3代目4代目5代目が男女ともども，特に女子が楽しくつくり，そして就職できるような条件と好循環を全市的，全領域的に整えつくることが考えられるだろう．

そのためには，住民，企業，大学，自治体などが，生活の質を高めるモノやコトを協同してつくり出し，そのときは経済効率ではなく楽しいこと，面白いことを中心に考えることが重要であろう[12]．それは同時に「コストパフォーマンス」や「リスクマネージメント」で行動するあり方，新自由主義とAIでつくられたあり方によって「クズ化」しないあり方を若い人々に提供することにもなろう．大学などでの競争と実用による「選択と集中」の「研究体制」についても同様であろう．

(2)「遊び」と「文化」の意味

第二にこの地域の住民は生活の困難＝課題を解決するためにいかに互助や連帯をし，地域と社会を形成してきたか．現在の市の課題の背景には，低成長，財政難，高齢化，少子化，格差，孤独化など日本全体の困難がある．

新旧，世代，性別，階層，国籍などの異なる多様な住民は，国家や企業などに依存できないときに，それぞれ生産における生産者組合，消費における生協，公共のインフラが足りない場合は青年会が自らつくり，つながりや福祉が必要な場合，新旧住民の女性たちがボランタリーに関わり，そして協力してハードやソフトをつくり出し，つまり社会をつくってきた．それは戦災時の自家菜園，買出し，闇経済も含む自主管理，協同の経験でもある．

この経験を思い出し，持ち寄り，結びつけることができれば今後の困難の解決にとって貴重な財産となろう．そして困難の形は前のものと似ているが，その後の過程が生み出した膨大な生産力とストックがある点でその解決方法の豊かさと自由度が異なる．

さらにたとえば上記の社会形成に新旧住民の女性たちが協力して，大きな役割を果たした．主婦というあり方が基盤であったが，70，80年代には，高齢化，パートも含む勤める人の増加など，一方で課題の行政への移行，NPOのような組織への移行，企業などへの指定管理の増加などによって，活動は婦人会の解散と相まって前より目立たなくなっている．これは制度がつくられることによって課題が解決された側面，主婦以外の場への進出，非営利非国家の組織の設立など，場が進化している側面がある．

さらに筆者の調査と実感であるが，この地域の住民は近代を通して文化の場を一貫して充実させてきた．それが公民館を中心とする膨大な趣味や文化の同好会やサークルの存在として実を結んでいる．そこでは彼女彼ら，特に彼女たちは思い切り楽しんでいて，かつほぼ全員が自分も楽しんでボランティアを行ったり，さまざまなネットワークを広げ維持している．社会の形成と支えの新しい形である．それは同時に新旧住民も含む社会の分断と対立の克服がこの新旧住民，特に女性たちの，この「遊び」と「文化」によって行われていることをも意味した[13]．

そういう遊びや文化のあり方が社会を形成し支え，未来の「商品」や「サービス」のもとになり，また新しい政治のステージを準備しているように思われる．

4. 政策決定の困難さへの挑戦

(1) 事態への新しい対応

この市の近現代から見た第三の課題は政策決定の困難さである．近現代から現在までこの市の住民，政治家，職員たちは，住みやすい豊かな地域と社会をつくってきた．しかし，首長や市議，職員などが大事なことを決定，実行していないとの声もある．この「非決定」や「遅れ」を旧来の基準で判断するのではなく新しい事態への対応過程として見てみよう．つまり，①その争点自体が本当に早急に決定しなければならないのか，その基準は？，②その決め方についても旧来の決め方でいいのか？，である．

グローバル化，低成長，高齢化，財政難等に伴い世界的に既成政党制度の動揺，安全保障や基地問題の手詰り，今までの社会の主体であった日本人，男性，健常者，正社員，壮年以外の多様な主体の登場と表出，高度成長と生産力による膨大なストック，それによる「生産」から「文化」「遊び」の社会へ，「個人化」と「分断化」など．つまり，熟議[14]も含む①新しい政治の舞台，②多次元の多様性＝ダイバーシティの表出，③政策の新しい打開の提起など，次の新しい社会を準備することにもなるものが基準となろう．

〔2〕多様と統合の新しい統一へ

その視点からたとえばこの市の議会を見てみよう．ここでは一人会派が24議席中8，与・野党関係は弱い（ちなみに武蔵野市では「一人会派」は26議席中無所属として2，与・野党関係強い＝議院内閣制の傾向が強い）．女性市議数割合が2006年に日本一で，引き続き多い．さらに最近（2018年12月6日），手詰りの沖縄基地問題の本土各地域の当事者性[15]という新たな打開の方向をもつ意見書をこの国で初めて決議している．これらの点では上記の新しい段階に適応した新たな基準をつくっている[16]．

そして，与・野党関係，既成政党関係を超えた市民ニーズの職員などとの協力による実現も「決定」であり，二元代表制の新しい形と内容の可能性もある．それを前提として旧来の，あるいは外からの基準ではない新たな統合，「決定」が課題となろう．つまり多様と統合の新しい統一である．これらのことを住民は作為不作為において理解して行動していると思われる．いずれにしてもこのことをそれぞれが自覚的に行えば，この市はこの多様と統合の新しい統一というモデルの形成途上の先端にいることになろう．

付記：本稿は小金井市にある『市民運動新聞』で9回にわたって連載された論考を加筆・修正したものである．連載期間は2018年3月20日号から2018年12月25日・2019年1月5日合併号まで．

【注】

［1］ 小金井市史編さん委員会『小金井市史資料編近代』小金井市，2014年．
［2］ 雨宮昭一『協同主義とポスト戦後システム』有志舍，2018年，第2章．
［3］ 吉田伸之『地域史の方法と実践』校倉書房，2015年．
［4］ 小金井市史編さん委員会『小金井市史資料編現代』小金井市，2016年．

[5] 小金井市誌編纂委員会編『写真でみるわたしたちのまち小金井』1983年，82頁.

[6] こがねい女性ネットワーク『小金井の女性たち時代をつなぐ』2003年，112頁.

[7] 「首都圏整備法による近郊地帯指定除外決議」1956年11月8日，前掲『小金井市史資料編現代』小金井市，2016年，346頁.

[8] 前掲書.

[9] 佐野浩「首盗り物語」杉浦哲編『地方議会になぐりこめ！』三一書房，1983年，78頁など.

[10] 前掲『小金井市史資料編現代』小金井市，2016年，692頁.

[11] 雨宮昭一『協同主義とポスト戦後システム』有志舎，2018年，第3章.

[12] これについては，柳澤大輔『鎌倉資本主義』プレジデント社，2018年，なども参考になる．なお，茨城大学地域総合研究所・常陽地域研究センター編『茨城を楽しむ30の方法』茨城新聞社，1999年.

[13] それは，小松理虔『新復興論』株式会社ゲンロン，2018年の賛成と反対による分断の「むこう側」へ文化で向かう，との論点とひびき合う．なお，雨宮昭一『協同主義とポスト戦後システム』有志舎，2018年，261頁.

[14] 熟議については，田村哲樹『熟議民主主義の困難』ナカニシヤ出版，2017年.

[15] 雨宮昭一『戦後の越え方』日本経済評論社，2013年，110頁，227頁．ほかに，河野康子・平良好利編『対話　沖縄の戦後』吉田書店，2017年，199，279頁など.

[16] この当事者性はそれがなくても済んだ戦後体制から（雨宮昭一『戦後の越え方』日本経済評論社，2013年，227頁）外交，内政諸領域で当事者性をもたざるを得ない時代への応答の1つだろう．冷戦体制の終わりが当事者性をもたざるを得ないポスト戦後体制の始まりであり，それが1989年であり，平成元年であった．それから30年を経て，たとえば最近2018年にアーミテージやジョセフ・ナイが日本国憲法の9条改憲は不要で実質的な米日の軍事関係の提携を強化すべき，と言っている．つまり戦後体制の一環である憲法体制，特に9条はアメリカの属国化の継続を意味することを述べている．9条を維持してかつ属国にならないあり方はいかに可能か，をそらさないで考える当事者性が客観的に求められている.

　この論点を回避して，アメリカへの従属体制を「永続敗戦」，天皇の上にアメリカがある体制――国体（白井聡氏）と述べ，平成天皇の護憲発言に依存したり，日本のトップの政治家や官僚による，特に前者による従属的な地位協定の持続などを強調する歴史家がいる．9条は一面では，戦勝国体制の明確な一環であるから上記の論点が加わらなければ，まさに敗戦の結果の直接の継続（占領の継続！）であることは自明である.

　上記の傾向で特徴的であるのは当事者性の限定である．米日トップがつくり運営することがメインである．たとえば沖縄基地問題は米日トップのみが決定，運営に関わる当事者で，住民は被害者である，との前提である．いわんや本土の住民は当事者として存在しない．しかし，決定に関わる，という点では，沖縄の住民はもちろん，本土の住民も，民主主義国家であるとすれば，当事者そのものである．つまり，本来の全当事者の存在の顕在化が必要であろう．上記の小金井市議会の決議はその1つのあり方を示していると考えられる.

以上の論点は同時にアジアとの関係に関わる．その点で三木清の「東亜共同体」論の組替えが必要だと思われる．三木のその論は，帝国主義の克服――民族解放と，自由主義，資本主義の社会主義でも全体主義でもない方法による解決――社会解放を実現しようとする協同主義の広域圏の形成を目指したものである．その現実化のためには「主導国」が必要であり，それが日本で，しかもその日本は自らを上記協同主義に変えなければならないとする（三木清『三木清全集』岩波書店，1986年，熊野直樹「三木清の「東亜協同体」論」『法政研究』76号，2010年など）．

この論点は，主導国が変化している現在でも有効である．現在の主導国は戦時のような一強ではなく，しかし，間違いなく中国がそれであろう．そして，ほかに，日本，韓国，北朝鮮，アメリカ，インド，オーストラリア，さらにアセアン諸国がある．そこでは，たとえば，中国も日本もアメリカも北朝鮮も協同主義に自らを変える必要があろう．つまり，協同主義インターおよびグローバル協同主義への方向である．

この論点は同時に，戦後体制（戦勝国体制，冷戦体制，残された帝国主義体制，新自由主義体制）の越え方に具体的に関連する．アメリカの後退，中国の台頭などに，改憲で「自主防衛」，護憲――解釈改憲で「属国」，護憲で「属国」にならないなどは，戦勝国体制のゆらぎへの対応である．また，アメリカの後退，朝鮮半島の形は多様だが確実な一体化の進行など冷戦体制のゆらぎへの対応．戦前戦時の被害の，政府からだけではなく，市民社会からの解決への要求――帝国主義体制への対応，そして，新自由主義体制への対応などである．これらの対応の基底に協同主義があるべきだというのが本稿の立場である（アジアにおける協同主義については，雨宮昭一『協同主義とポスト戦後システム』有志舎，2018年，第1章，36頁参照）．

ここで著者（雨宮）が触れている協同主義の内容は，たとえば待鳥聡史・宇野重規編『社会の中のコモンズ』白水社，2019年などと，「国家」でも「私人」でもない，「国家による中央集権管理」も「私的所有権への分割」も超えた資源の共同管理（同書20頁），「市場経済の補完」（同書25頁），IOTとシェア経済，オープンソースへの注目の仕方などで，共通の関心がある．

もちろんいくつかの異なる立ち位置がある．第一は，コモンズは，サブシステム，部分として扱われているが，筆者（雨宮）の言う協同主義は内外，各領域に体系的に関わる1つのイデオロギーとして提起している．現在はそれが必要と思うからである．第二は，たとえば都市の「農村化」（『社会の中のコモンズ』14頁）と同じ言葉でも（『協同主義とポスト戦後システム』23頁），前者は，もどってはならない旧い共同体を意味しているが，後者は都市化と農村化をたとえば都市の空地の耕作化など，現実的に述べている．つまり，前近代――近代との線形把握と，螺旋形展開との相違である．さらにたとえば政党の“再生”について，リンケージとトレードオフの扱いについても（『社会の中のコモンズ』170頁），その調整をこの本のように政党自体から考えるか，本稿で触れたように地域から考えるかの相違がある．しかし，いずれにしても生産的な議論の場があるように思われる．

いずれにしても，これら全体に関する理論の問題として，『協同主義とポスト戦後システム』(15頁)でも触れたアルトジュース主権論を考える必要があると思われる.

第4章

総力戦体制論から協同主義研究へ

1. はじめに

私は，今日，本会戦時法研究会の代表である出口雄一先生からも言われた「総力戦体制論から協同主義研究へ」という，私が研究してきたことや，あるいは現在のことについて，皆様の研究に少し参考になればということで，お話をすることにいたします．なお，本書のテーマである「青春期の学問」「老年期の学問」で言えば，私の単著『戦時戦後体制論』（岩波書店），『近代日本の戦争指導』（吉川弘文館），『総力戦体制と地域自治——既成勢力の自己革新と市町村の政治』（青木書店）の3冊が，私の「青年期」あるいは「青春期の学問」をまとめたものです．後半の3冊，『占領と改革』（岩波書店），『戦後の越え方——歴史・地域・政治・思考』（日本経済評論社），『協同主義とポスト戦後システム』（有志舎）は「壮年期」から「老年期の学問」を表現したものと思います．

最初に，私はこの戦時法研究会と関係するような問題については，戦時期の4潮流論と，この後からお話ししますが，既成勢力の自己革新論，4潮流論，総力戦体制論，戦後体制論，占領改革，50年代社会論，ポストベッドタウンシステム論などを書いてきました．その後，割合に精力的に，集中的には協同主義の研究を行っています．

その上で，最近は地域の，具体的には私が住んでいる小金井市の幕末から現代までの社会的連帯と相互扶助の歴史を2年ほどかけて，調査しました．それから，さらにこの近年では，ポランニーなどの社会的連帯経済の問題と協同主義との関係です．それから，もう1つは再編福祉国家論，つまりフォーディズム型の福祉国家の前提が崩れ始めた後どうなるかという問題で，脱商品化と再商品化の問題が，今，議論されています．もう1つはMMT．これはモダン・マネタリー・セオリーという問題と協同主義は非常に深い関係があって，そのことを最近，多少詳しく勉強しています．

このように研究を展開してきたわけで，そういうことを前提にして，もう一度戦時期を見直すと，あるいは見返すと，何が見えてくるか，見えるかという材料を通じて，少しでも，戦時期の（1930年代から1950年代初め），学者，研究者，テクノクラートなどによる知を研究する意味を考えられれば，非常に幸いです．

2. 戦時期の学者，研究者，テクノクラートなどによる知を研究する意味

〔1〕1930年代から50年代の時代

第1番目に戦時期の知．戦時法研究会は主として，この1930年代から1950年代初めまでの時期における学者，研究者，テクノクラート等々による知を研究していると思うのですが，その知を研究する意味がいったい現在において，どうありうるかということを，少し，お話ししたいと思います．

ただ，この2，3日，1968年までずいぶん昔まで戻って，いろいろ僕が論文や本を書いたときを思い起こすと，現在，どうかというようなことを考えていたというよりも，そこでの，まだわかっていないことを解明する面白さみたいなことで，書いていたと思っているので，あまり外在的なことばかり言うのは気が進まないのですが，一応，言っておきます．

僕の問題意識に引きつけますけれども，この戦時期というのは，1920年代から考えると，普通の人びとの生活の困難が，それまで，これも20年代のときの資本のあり方とか，国家のあり方とか，国際システムのあり方では解決できない時期として，30年代40年代があって，それに対する1つの解答を与えようとする．その解決をめぐって，彼ら・彼女らが必死に考えたのが，ギリギ

リ考えたのが，社会主義であり，ナチズムであり，ニューディール，田園都市論等々であり，それに基づく，政策とか，理論とか，制度論，組織論などであるわけです．

これらはもう普通，終わったものとして，それを単に再現をしたり，評論したり，評価するということでは済まないのではないかと思うわけです．それはその後，現在の問題との関係で言うと，まだ事態は終わっていない．あるいは，同じ事態がもう一度繰り返されてきているという問題との関係で考える必要がある．

そのときに，人間の知というのは，ある意味では無限ではなくて，非常に有限的で，有限性をもっていて，当時，こういう問題，つまり，当時のそれまでのシステムでは解決できない問題を，新しいシステムでどう解決するかという問題の中身も方法も，まだまだ発掘したり学んだりする必要があるのではないか，というふうに思います．

もう1つは，最近，非常にビックリするわけですけれども，無自覚な繰返しが，ある意味では一方で行われる．たとえばこれは今から2年ぐらい前の政治学年報で，現代中国の分析にカール・シュミットをフリーハンドで使う．つまりカール・シュミットは戦前のあの過程のなかで，どういう形で，どういう役割を客観的に果たしたという問題を考えずに，カール・シュミットの理論自体が，今の中国の国家を分析する場合にかなり有効ではないかという議論が行われています．行われていて，これもある意味では無自覚な繰返しになる可能性はあるということも含めて，考えたわけです．

〔2〕戦時期と現代

それとの関係で，50年代の問題，あるいは現代の問題も含めて，戦時期と現在の問題の共通性と変化の問題を，少しお話をしたいと思います．共通性の問題というのは，2つあるわけです．1つは，戦後システムからポスト戦後システムへの諸試行・模索と移行，つまりシステム転換期という共通性．もう1つは，そのシステムの転換期の中身と方法の共通性という問題が，やはりあるのではないか．

具体的には体制のシステム転換というのは，僕がずっとやってきた問題ですが，1910年代から20年代というのは，自由主義的な経済．政党政治，それから幣原外交とか，国際協調体制，ワシントン体制というふうなものも含めた，内外の体制を統合した自由主義体制と呼ぶ体制ができる．1930年前後に，その内外のシステムが対応できなくなって，総力戦体制．つまり非政党政治体制，それから非自由主義的な経済，それから東亜新秩序，世界新秩序というふうな形での総力戦体制に移行していくという問題がありました．つまり，第1次世界大戦の戦後システムからポスト戦後システムへの移行です．

中身はかなり違いますけれども，1950年代の中盤に成立した戦後体制．つまり第2次世界大戦の戦勝国体制と，それから冷戦体制です．それから自民党一党優位，つまり55年体制．さらに日本的経営体制と言われるようなものをサブシステムとする戦後体制が，1950年代にできる．それが1989年の冷戦終結によって，崩れ始める．具体的には，冷戦体制が崩れることによって，安保の意味も変わってくるし，それから，それに基づく55年体制の自民党一党優位体制も崩れてくる．それから日本的経営体制も崩れてくると，つまり戦後体制が崩れる．もちろん，戦後体制は終わっても，戦勝国体制は残っています．

その1989年から2019年ぐらいまでの30年間というのは，ある意味ではポスト戦後体制を模索する，さまざまな試みがなされてきて，そして，あっけらかんとポスト戦後体制をいったいどうしたらいいかという問題が，浮上せざるを得ないということになるわけだと思います．ある意味では，コロナ禍なんかは，その問題を露出したというか，促進したのではないかと思われるわけです．

その転換の中身と方法の問題は，コロナの問題に対する対処の問題も含めて現在の問題で言うと，ポスト戦後体制の1つの帰結である新自由主義によるグローバリゼーションは，まさに世界的に市場の論理の全面的な支配であり，それが非市場的なものとか，国家を無力化しながら展開してきましたが，それが全部，コロナ禍に見られるように逆に出てくるという形で，人間の生命に関わるような世界的な動きになっているということになります．

そういう点から，これまでの資本のあり方，それから福祉国家も含む国家のあり方，それから国際システムの問題について，これまでのような形でない資本のあり方や，国家のあり方や，国際システムのあり方を考えざるを得ないというのが現在であろうと思います．その点は1920年代から30年代，40年代の移行期に問われた課題と，ある意味では非常に共通しているというふうに思われるわけです．

たとえば覇権国家のあり方は共通ですが，担い手が非常に変化するという問題があります．覇権国家というのはいろいろな言い方がありますけれども，軍事力を背景に国際的な影響力を行使できる，あるいは支配できるような国家を覇権国家というふうに一応定義しますが，戦前の日本はそういう覇権国家を目指し，実際，部分的にそういうあり方があったわけです．

そして戦後では日本は非覇権国家になる．これはやはり憲法9条の問題というのは，いろいろ解釈改憲等々，言われているけれども，やはり戦争ができない国であるということは，つまり軍事力を背景にして，影響力を行使する国家ではないということです．そうすると，アメリカは覇権国家ですが，中国もまさしく覇権国家として存在している．ただ，アメリカと中国が違うのは，アメリカは収縮しつつある覇権国家で，中国はまさに膨張する覇権国家です．

このことは，今，坂野潤治さんとか，いろいろな良質の戦前の政治史の先生方の本がよく送られてきますが，彼らは日本が再び中国と戦争しないようにという議論をずっとしていて，それは現在の問題でもあるという話になっています．これはたとえば坂野さんの本で，たとえば領土問題で，中国と日本が戦争になった場合に，アメリカはサポートしないだろうと．そうすると，日本が中国と戦争になるだろうと．そのときに日本の反戦平和の人びとは，1930年代，40年代と同じように，みんな，戦争支持側に回るというのを恐れている，というようなことを言っているわけです（注［16］の257頁）．

僕はどうも違うのではないかと思っています．何を思っているかというと，戦争の責任は，1945年以前も，1945年以後も，基本的に覇権国の責任です．覇権国がどうするかということが基本的には戦争の問題に関わっていて，戦前の場合には明らかに日本に，そしてアメリカにその責任があるわけですが，戦後の問題については，たとえば覇権国であるアメリカや中国に責任があるわけです．責任と現実があるわけです．だからそうすると，覇権国家の行為の仕方とか，加害とか，失敗という問題についての，特に日本の近現代史の細かいことは，実は中国やアメリカにとって非常に有益な歴史的現実として議論したほうが面白いなというふうに思っています．

さらに，最近の香港や台湾，ウイグル地区の問題，関連するが戦後，植民地本国から独立した地域などを見ると，独立すること，独立した国の国家，内政不干渉を結果として至高のものとする，これまでの理論モデルを再考しなければならないと思います．K・マルクスも言うように，世界が1つにつながることは必然だとすれば，帝国主義も植民地化もその1つの形態であり，その帝国主義，植民地化の問題をもっぱら本国の評価で絶対的な悪と自明視する議論が支配的ですが，大事なことは，そこに住む人々にとって，具体的にどうかという視点が是非とも必要と思われます．別のところで述べましたように，「独立」後70年以上経っている国家の内戦，人権無視などのあり方を旧帝国主義本国の行為にもっぱら還元するのではなく，それ自体として分析，評価するべきとしましたが，その地域にある人々の現実のなかでの選択は過渡的には限られたものであることは自明ですが，「独立」した国家によるはなはだしい人権侵害や暴力は，帝国主義国家から独立した国家だからといって許されるものではないでしょう．限られた現実のなかでは，その人々にとっては「独立」した国家より前の帝国主義の「統治」のほうがましという選択と評価もありえます．それは，世界が1つにつながる必然の形態としての帝国主義の次の形態を発見，提起することを要請していると思います．その視点でも第1次世界大戦戦後システムからポスト第1次世界大戦戦後システムへの転換における「知」を再検討するのも面白いですね．

いずれにしても，外における協同主義と内における協同主義．つまり非資本主義．つまり純粋な資本主義でも，それから国家万能でもない，国内における協同主義と，それから国際的な意味での協同主義，インターみたいな，国際システムとしての協同主義の解明の必要性があるのではないかというふうに思い，そういうものにさまざまな示唆を与えるものが，まだ，戦時史，戦時過程，戦時期のなかに膨大に存在している．つまり，だから戦時研究は，今始まったばかりであるというふうに，僕は思っています．これが第一の問題です．

3. 総力戦体制論から協同主義研究へ

〔1〕方法としての政治社会史と私の研究過程

第二の問題は，以上と関連した私の研究過程です．私は，歴史における社会と政治の関連に興味をもち，それを政治社会史という方法で表現しました．社会，政治，国際の各システムレベルのそれぞれの動き，それを言説と「事実」，長期と短期，社会と政治の連関を「社会過程の変化を中心に」明らかにしようとするものです（雨宮昭一『戦時戦後体制論』序，vi，viii頁）．そしてその各レベルの担い手を4潮流としました．戦時体制のときについては，既に説明してきましたが，たとえば冷戦期では，社会の既得権益を，総力戦による「中流以下」などの台頭による侵害を「自由世界」イデオロギーで守ろうとする「自由主義派」，それを政治レベルで表現する「自由主義派」，国際的に「自由世界」防衛をいう「自由主義陣営」という「自由主義派」として，それぞれ異なったあり方で連関している．総力戦体制論は政治社会史の一側面であるが，それについては，戦時法研究会がまとめた『戦時体制と法学者』[10]で小石川裕介さんが非常に面白く，「総力戦体制論」にも時限的な限界があるという問題をお話しされました．そこも面白いのですが，それがたとえば松本尚子さんと私とのディスカッションのなかで早速ある意味では更新されたという問題も含めて，少し考えてみたい[11]．僕の場合だと，協同主義の研究というのは，ある意味では，総力戦体制論の更新の問題に関わるというふうに思っています．

ということで，それに関連するような，私の研究過程を少し考えてみます．最初，活字になったものは，大学院博士課程のときの1968年に出され，毎日出版文化賞を受けた全5巻の『日本政治裁判史録』[1]があります．これは我妻栄大先生がボスで，その愛弟子の団藤重光さんと，辻清明さんと林茂先生と，その弟子たちを執筆者に組織した研究会によるものです．

その後1973年に，「近代日本における戦争指導の構造と展開」という博士論文[2]を出して，それが73年に通った．だから72年にたぶん出したのでしょう．これは特にシベリア出兵・撤兵過程に焦点を当てて，政治と戦略の関係がそれぞれの時点でどうであったかという問題を考えたものです．

そのためには統帥権独立制度の問題まで戻らざるを得なくなって，実は統帥権独立制度というのは，よく言われているように，非近代的なものというよりも，近代的分業も含むかなり近代の論理でつくられたものであると．ちなみに私がハーバード大学に留学中に当時のアメリカの統師部の資料で彼らが統帥権独立制度も含むプロイセン軍制を最新のシステムと評価していたことを知りました．そうして，その制度の論理が政党にも軍部にも貫通した形で，統帥権の運用に関わってきて，それが，いわば破綻を繰り返していく．つまりよく言われる前近代的なものによる破綻ではなく，ある近代的なあり方と展開による破綻としたわけです．それと関連して，大事なことは，政党が，外交調査会という，およそ非立憲的な形態を取りながら，シベリア出兵・撤兵に関わっているということをかなり詳しく究明し，その部分が特に『思想』に載りました[3]．当時は『思想』でデビューすると，かっこいいというのがありましたが，自信をもてず不安でした．

それから，その後茨城大学に就職してから，まさに7，8年は，まったく論文を書かなくて，地域の史料をずうっと調べました．ゼミ生も含めて．そこで，土浦のある地域に，大正中期に惜春会という青年組織があって，それが無産階級も含めて組織します．その中心人物にはだいたい在地の名望家の2代目，3代目が多いのです．彼らが，いわば政党政治の基盤であると同時に，政党政治を批判するような，大政翼賛体制の中堅的な地方のリーダーになっていって，それが戦後の土浦市政の担い手になるという，そのプロセスを「既成勢力の自己革新」として書きました．

それから，その後，その過程で，これは多くは原史料を使用して，1983年に「大政翼賛会形成過程における諸政治潮流」という論文[4]を書きました．これも大きく取り上げられたものです．この地域の史料調査をやっているときに，水海道市というところがありますが，風見章は水海道市を基盤にする政治家です．まだ，そのフォロアーたちが営々と生きていて，そのヒアリングをした際，大政翼賛会のときの書記官長だった風見章の日記があるというのを聞きました．彼はまだまだ，それを公開するつもりはないと言ったのですが，土浦の喫茶店で，いや，僕にとっては，明日はないというか，明日はないというのは，今，研究をしたいから，今，ぜひ欲しいと言って，目をそらさないで，その人に言ったら，その人が，深く頷いて，その場で，風見章の長男の方が日産の幹部でいて，青山に邸宅があって，そこにすぐ電話をしていただきました．そこにすぐに行くと，まさにその風見章の大政翼賛会の形成過程の書記官長のときの日記が，バチっとあったのです．それをすぐにコピーをして，もちろんお返しして．それを基にして，この諸政治潮流を書いたのです．つまり諸政治潮流，4潮流論はそういう原史料でできたのです．

それから，それも含めて，1988年には，「1940年代の社会と政治体制――反東條連合を中心として」[5]という論文をまとめました．これも結構いろいろなところで取り上げられたものですが，日本史研究会の『日本史研究』に出しました．

1997年に岩波で『戦時戦後体制論』[6]ができたのですが，その前に，1995年に『総力戦と現代化』[15]という，あの柏書房の本が出たのです．私にとっては，この注 [3] [4] [5] の文献というのは，もう既に総力戦体制の実際の中身を，地域と，それからトップレベルのところで，反東條連合の問題として，分析していて，それが総力戦体制論の中身として，山之内さんたちにつながっていくという形になります．

それから，その次の2008年の『占領と改革』[7]．これはもう説明する必要はないと思うのですが．それから2013年に『戦後の越え方』[8]を出しました．それから70才で定年になった後，もう協同主義研究に一元化して，2，3年，集中して，それが2016年の『独協法学』[9]で，こういうふうに出たのです．

その後，さっき，お話ししたような，戦時法研究会での議論がありました．そして，2018年に『協同主義とポスト戦後システム』[11]という本を出しました．その協同主義の問題を小金井市の近現代史，地域の近現代史で，もう一度，初めから考え，見直してみようということでやったのが，注 [12] の文献です．

さらに，それをもう少し全体に広げるということで，注 [13] の文献がありました．つまり戦後体制というのは，日本にとっては，いわば内外の当事者性がない．ないけれども，ないことが非常においしい時代，時であり，それからメタとベタという言葉で言えば，メタというのは，全体のシステムの構想みたいなものですが，それからベタというのは，個々の事実ですけれども，メタの問題も，また別に考えなくても個々の事実で反応していれば済むという，おいしい時代．そのためには，保守・革新とか，資本主義と社会民主主義とか，二大政党とかというふうな，割合に既成の制度や思想に依存していればよかった．そういう時代だったのですが，どうもそういうものは全部，原発問題も含めて，崩れてきたのではないかという話で，では，その後，それに代わりうるオルタナティブは，システムとしてどう考えられるかということを考えたわけです．

それが注［14］の文献で，これは戦後システムの関係も含めてですが，協同主義というのは，コーポラティズムとか協同組合主義というふうに，狭くも言われたりするのですが，どうも社会連帯主義とか，まだ決まりきらない．決まりきらないで，その定義を膨らませていく，あるいは考えていく過程として考えています．その点で，関係する，ポランニーにも関わるのですが，社会的連帯経済，それから福祉国家論，それからMMTというものなども，協同主義との関連で考えてみたいというのが注［14］の文献でした．というのを含めて，ちょっと研究の流れを，ややアトランダムにお話をしたいと思います．

〔2〕研究の流れ――国会図書館上野分館

僕は，少年時代ではないけれども，大学の2年生ぐらいのとき，激しく学生運動をする直前ぐらいだったのですが，僕は大塚駅のそばに住んでいて，鶯谷駅から降りて，5，6分のところに国立国会図書館の上野分館がありました．木造の非常に立派な建物だったのです．そこで夏休みなんかに，『グラムシ選集』というのを一所懸命読んでいました．それから記憶に残っているのは，篠原一さんの『現代の政治力学』[17]というのが1962年にできたのだと思いますから，だから1963年か64年ぐらいに僕は読んでいると思うのです．

〔3〕悉皆と原史料――惜春会の分析と「既成勢力の自己革新論」

これはグラムシについても，篠原さんについても言えるのですが，一番基底と一番トップの間の相互関係を非常に重視した議論をしているということと，もう1つは，グラムシ選集を読んでいて，非常によくわかったのは，彼の主要論文とか，主要論文みたいなもの以外のものも載っていて，それがすごく面白いのです．つまり，悉皆の面白さ．悉皆．悉く皆ということですが，悉皆というのは，たとえば全集．選集，全集というのは，なぜいいかというと，その後『マルクス・エンゲルス全集』とか，『レーニン全集』を買ったのですが，たとえばレーニンの読み方なんかも非常に面白いのは，レーニンの注目されるような文章よりも，折々の彼の文章．あるいは，当時のほとんど僕の友だちは，みんな，革命前のレーニンを読んでいるわけですが，僕はもう革命後のレーニンを読んで，ああ，もう権力と人民を統治するのは，大変なことなのだということを思って，そこから問題を考えるようなことがありました．

それから悉皆の問題で言うと，よく，ご存知と思うのですが，史料集というのは，だいたい史料を編纂する人間のスキームで選んでしまっているから，既存のパラダイムをなかなか突破できないのです．だから，その史料集にない，史料集以外の，あるいはあまり重視されない史料を読むことのなかに，新しいリアリティがあるということです．だから惜春会の分析も，それから，さっき，お話しした4潮流論も，全部，原史料です．つまり，まだ文字どおりの原史料．だから風見の日記なんかは，墨で書いたものですし，それから惜春会のほうは，そういう日記と，それから葉書とか，それから非常にローカルな機関誌などを使って究明したのです．それも，やはりその前の若いときの，いろいろな経験と関係あるような気がします．

惜春会の問題については，最近の中村元さんの，そのテーマの分析に大変すぐれた本である『近現代日本の都市形成と「デモクラシー」——20世紀前期／八王子市から考える』（吉田書店，2018年）』[18]に対する，『歴史学研究』[19]でのかなり長い書評のなかで，僕のことにも触れているのですが，つまり担い手の連続性と社会の変化という問題を，要するに既成勢力の自己革新として，雨宮が明らかにしたというところが非常に重要だというふうに，その人は言っています．つまり，今までは，担い手が連続していると，社会も変わらないというふうに，社会が変わると担い手も変わるというふうな，割合にわかりやすい議論が多かったのですが，担い手が連続しながら，社会が変化するとすれば，実はその担い手自体が自らを変化させるという問題として，あるのではないかということをやったわけです．

惜春会の論文[20]が出たのは，1981年ですが，それに山之内靖さんが非常に注目されて，総力戦研究の一員として僕を誘ってくれたのです．山之内さんの

『総力戦体制』という本[21]がありますが，その412頁あたりに，その経緯が彼自身から語られています．

総力戦の問題は，パラダイムを転換したようなところが，たくさんあるわけですが，これも，私も書いている1995年の『総力戦と現代化』[15]がありますが，あのときのいろいろな人たちはほとんど総力戦体制については，もうほとんど全然触れず，山之内さんが亡くなられると，結局，政治学と歴史学も含めて，社会科学のほうで総力戦体制の問題をある程度持続しているのは，私ぐらいになっています．たとえば米山さんなどの本[22]では，山之内，雨宮というふうに書いてありますし，たとえば『協同主義とポスト戦後システム』について，『史学雑誌』の2016年の5月の「回顧と展望」のところ（160頁）では，その「総力戦体制の衝撃から30年近くが経過し，戦時と戦後を通時的に扱う研究手法は当たり前になった感がある……その先頭を走ってきた著者の論文集」というふうな形容をしています[23]．つまり，総力戦体制論は，当時の人たちには非常に，一種の衝撃として映っていたというふうに思われます．

そこでの4潮流論の意味は，これは総力戦体制論とも関わりますけれども，戦前・戦時・戦後の断絶と連続の問題に非常に関わっています．

これは戦前・戦時・戦後というふうに，問題を設定して，実は日本の戦時が，ある意味では広い意味での現代化を成し遂げて，それが戦後のさまざまな問題の構造に連続しているという問題．少し大きく言えば，そういう問題で，それをたとえば僕はその4潮流論のなかで，地域での1920年代の名望家の2代目，3代目が，自己革新して，総力戦体制の推進の担い手になって，それが構造的には，戦後の戦後改革の担い手になって，それが1955年の自民党の基盤になっていくということを明らかにしました．そこでは，だから自由主義的なものと協同主義的なものが，いわば接合した形で1955年体制になり，それが戦後体制の一環になるという話をしています．これは自民党の総合性の歴史的構造的説明と同時に総力戦体制の戦後体制への継続の説明にもなります．同時に，本書63頁で触れたように，ローカル—ナショナル—リージョナル—グローバルの各レベルを具体的に担う主体と，それぞれの固有の実態を説明できると思います．

4. 4潮流論

それから，もう1つは，当時，ファシズム在不在論争というのがありました．これは特に伊藤隆さんが，ファシズムというのは，非常に不正確というか，説明能力が非常に少ない．つまり特に戦前・戦時，20年代から40年代に，さまざまに出てきたもの，復古革新派と進歩革新派のような形での，マルキシズムも含めて新しい動きがあって，それを保守と革新とか，ファシズムと反ファシズムなどという単純な腑分けではとても説明できないと．そういう意味で言えば，ファシズムは不正確だということを言ったのです．

これについて，いっぱい議論がありましたが，それは省略いたしますけれども，この提起はある意味では研究を1次元上げたと思われます．さきに述べた総力戦体制論とか，4潮流論も関係します．ここでは，特に伊藤さんの革新派論というのは，進歩革新派と復古革新派に分けているけれども，そこで現状維持派と革新派というふうな腑分けをしているわけですが，僕はそれらを，当時は自覚していませんでしたが，革新派の内容を1つは反動派，もう1つは社会国民主義派，もう1つは，国防国家派に政策とか，理念とか，基盤から分けたのです．そして，20年代のエスタブリッシュメントのほうを自由主義派にしました．この4つの，連合関係と動きが，いわば20年代，40年代，50年代までを説明できるというふうに言ったわけです．

特に1940年代の社会と政治のところで出した問題ですけれども，反東條連合．つまり戦時期にその首相が元気なのに，辞めさせられるというのは，よく考えるとちょっとありえないような話なのです．

それはいったい何であるかということは，実は社会国民主義派と国防国家派が総力戦体制を推進する動きとして，前半は，東條内閣も含めて，ずっとやったのですが，それが社会の既得権益を壊すという点で，自由主義派と反動派が激しくそれに社会的な意味でも対抗するような動きがあって，それがまとまって，反東條連合をつくって，それが東條を辞めさせるという形になる．しかし，他方，社会のほうは，総力戦体制による均質化と平準化は激しく進むと．一方で，政治のほうは，自由主義派と反動派のイニシアティブが，もう既に敗戦前に決まる．あるいは敗戦を可能にしたのは，その自由主義派と反動派の反東條連合の勝利があったのだと．そうして，戦後は，その反東條連合のなかの自由主義派が主体となって，自由主義派は抵抗するけれど，社会のほうはもう既に総力戦体制によって変わった動きをさらに加速するという形で，占領改革が進む，という話になるわけです．

〔1〕体制論――戦時・戦後・ポスト戦後体制

それから，その次の体制論の問題．これは4潮流論の本のなかでも，もう既に言っているのですが，20年代の自由主義体制，30年代，40年代の戦時体制．50年代からの戦後体制．それから90年代からのポスト戦後体制というふうに，システム転換を考えると，体制移行の問題としては，既存の国家とか，資本とか，国際システムが事態に対応できないときに，前述のように，当時の段階での非市場的，非国家的，新国際システムのあり方が，出現せざるを得なくなる．つまり，これまでのような経済・政治・国際システムでは，もう対応できない．これは特に大恐慌との関係で見ると，非常によくわかります．そうすると，その今までの経済・政治・国際システムでは無理だということが提起される．大事なのは，それがさっき言ったように，ナチスとか，社会主義，ソ連社会主義のように全体主義．あるいは自由主義ではない形で，方法としての協同主義の問題が浮上するのではないか．4潮流がそれぞれこの自由主義と協同主義をそれぞれの割合をもって体現していることを明らかにしてきました．かくして，自由主義と協同主義を軸とする歴史と政治の流れとして，いわば戦前・戦時・戦後・現在を見ると，かなりよく見えるのではないかというのが，僕の議論です．

たとえば55年体制というのは，実は自民党のなかに協同主義派と自由主義派．協同主義派というのは，戦時で言えば，社会国民主義派は下からの協同主義で，戦後の協同を内容とする政党をつくった橋本登美三郎とか井出一太郎，三木武夫などで，岸信介のような部分，国防国家派は上からの協同主義ですが，その双方が自民党に結集します．そして自由主義派と協同主義派の連合として成立する．しかも，それは岸信介のような，上からの協同主義派のイニシアティブで，自民党はできるというふうに考えたほうがいいのではないか．それが，その後どう展開するかというのは，非常に面白い．50年代の国民皆保険の実現とか，最近では，注［14］の59頁でも触れた，社会的連帯経済の1つの制度的保障である「労働者協同組合法」が2020年12月4日に国会で全会一致で可決，成立しました．

それから経済の問題で言うと，経済も，ポランニーが言っているように，市場経済だけではなくて，市場経済と相互扶助による経済と分配による経済という3つの経済があるとよく言われます．市場的経済は，非常に相対化したほうがいいと．相対化して，相互扶助による経済という，これは社会的連帯経済です．

そうすると，協同主義の問題として考えると，市場的な経済は相対化して，相互扶助に基づく社会的連帯経済と，それから分配の問題を考える．つまり，協同主義による，ガバメントもプロフィット，つまり国家領域も市場領域も，どう社会的連帯経済に即したデザインをしかも全体主義的でない形でするかという問題が大事ではないかと思います．

〔2〕地域における連帯と相互扶助

それから，今度はもう1回，地域のことに触れます．ずっと今までやってきたのは何かというと，自分が住んでいるところとか，働いているところの地域から，国家的なレベルもグローバルな問題も考えるということを，ほぼ一貫してやってきました．学生たちにも「自分の住んでいる所，自分が働いている所，自分が生活している所が世界の最先端だ．それ以外に先端はない．それが，近隣，市町村，県，地域，国，地球，あるいは，ローカル—ナショナル—リージョナル—グローバルとどうつながっているかを考えることが君のオリジナルだ」と言ってきました．私本人も転勤するたびに，そこから始まるということをやったのです．茨城での在地の名望家の自己革新論，草加市での「ポストベッドタウンシステム論」などです．今度も，今まで協同主義の問題をずっと勉強してきたので，小金井の地域ではどうかということをやりました．

そうすると，ほんとうに面白いのです．今住んでいる小金井市の近現代を，ずっとこれで見ました．明治初期から大正にかけて中心だった農業においては，生産者組合，産業組合とか，あるいは自らの金融組合をつくり，いわば非常に社会的連帯的な方法で生産を行っているし．それから青年会とか女子青年会も，彼らがプールとか公会堂とかを，自分たちが組織してつくるのです．他方では新住民は，かなり生活協同組合的なものを早い時期から始めていて，そういうものが戦後も継続した形で進んできて，それが新しい政治形態のいろいろなあり方につながっていることをこの研究ノートでやってみました．それから社会的連帯経済に関わるものも，たくさん実践されています．

5. 農村の都市化と都市の農村化の交錯
――ポストベッドタウンシステム論と田園都市構想

最近，大都市中心部と「限界集落」の中間にある膨大な地域，大都市周辺も含む多くの都市で空き地，空き店舗が増加している．それに対するさまざまな「まちづくり」が試みられていますが，都市と農村の関係の大きな流れに必ずしも位置づけられてはいないように思われます．大きな流れで言えば，都市化による豊かな条件を踏まえた，つまり螺旋的に空き地などの農地化，斉藤義則さんも探求しつつある農村化，それが不可能なら自然にお返しすることです．

他方，農村のほうでは，その都市化が行くところまで行き，兼業化，混住化，人口減少が進んでいます．さらに職住分離で成り立つベッドタウン地域は高齢化，産業構造の変化，人口減少などでそのシステムが困難に逢着しています[24]．そしてこの間のコロナ禍で職住の接合，近接が進みました．つまりポストベッドタウンシステムがリアルになってきたのです．以上の都市，農村，ベッドタウン地域の状況は，都市的なものと農村的なものの接合を目指した，そのために土地をコミュニティ委託，公有化など市場の論理と異なる内容をもった戦前，戦時，50年代，60年代に検討された田園都市構想はその時期にいかに探求されたかを改めて検討する必要があるように感じます（詳しいことは，注[25]のブログを参照）．

（1）再編福祉国家論

それから再編福祉国家論，さっきお話ししたように，フォーディズム的な，福祉国家がだいたい終わる．そうして，その後，1つは，多くの所で再商品化が始まる．その再商品化については，中道左派政権は，第三の道のような形で，雇用をもう一度，更新するような形で，つまり，労働力の再編，労働力の再商品化で，福祉国家を保とうとするというのが，スウェーデンとか，イギリスがそうであったわけです．

では，そのフォーディズムが終わった後，脱商品化としての福祉国家はどう可能かという問題がたぶん議論にならざるを得ない問題になります．そうすると，そこは社会的連帯経済，およびベーシックインカムなどとの関係で，労働力を再商品化しない形での福祉国家のあり方があるのではないかというのを，僕は今のところ考えています．

さらに，コロナ対応プロセスで非常に強く実感したのは，イタリア，アメリカとスウェーデンです．イタリアやアメリカで人がどんどん死ぬのは，イタリアの場合はMMTができなくて，医療保険制度が，国民皆保険でもズタズタになっているということでもあるし，アメリカの場合には，初めから皆保険でないというようなことが，大きく影響すると思いますけれども，スウェーデンも結構，死者が多いです．

それでテレビの国際放送を見ていると，あそこではもうほとんどフリーだった．手をこまねいているというか，どういうことをやっているかというと，年寄りが死ぬのはやむを得ないというのを，かなり，みんな，はっきり言うわけです，もうじいさん・ばあさんも含めて．それって何だろうというふうに考えたら，ちゃんとした福祉国家．今までの，これまでのちゃんとした福祉国家です．ちゃんと，ほぼ国民全体が均等負担をして，福祉国家をつくっているとすれば，最大多数の最大幸福みたいな話になって，その福祉の予算をどう合理的に使うかということを考えれば，もう安楽死も含めて死ぬ人間の順番は決めなければならないというふうに，たぶんなっていくと思う．なったと思うのです．

そこがこれからの福祉国家というのは，行くところまで行くと，そうなるなと思いました．その点で日本の福祉国家の中途半端性が非常に，まだ展望はあるなというふうに思っています．この前，10年後の都政とかいうことで，候補者が話していて，小池知事が，彼女1人が言うのですが，要するに安全と安心の自治体であると．かつ，長寿でよかったという，世界にない国を，10年後に実現する国というか，自治体を実現したいと．だから感覚的，本能的に僕が思ったようなことを，みごとに言っています．小池さんにはいろいろな評価はありますが，その点は注目したいと思います．

以上のようなことを前提にして，つまり今言ったような問題を背景に置いて，もう1回，戦時期を見直してみると，非常にたくさんのことが言えると思います．

たとえば井上財政なんていうのは，MMTを知ってしまったら，ほとんど犯罪であるというふうに，大不況のど真ん中で，国家予算を徹底的に切って，死ぬ者は死ぬという話にしたら，絶対にそれは反発されるのは決まりきっていて，その反発が，国防国家派や，社会国民主義派のほうに，全部，結集していくわけです．

その点では政友会財政というのは，非常に面白くて，そういう軍事ケインズ主義にもならないような形での，MMTに近いような萌芽をもっているというふうに，僕には見えました．もちろんMMTが完全雇用を目途にしていますが，完全雇用でない働き方や生活のベーシックインカムを含めたあり方もあると思います．そのことも含めて，戦時期をもう1回見直すと，非常に面白い．それから，そのことも含めて，戦争をしない，あるいは戦争を早く中止するような契機が，僕が今言ったようなことで，もう一度見直してみると，実は潜在的に，材料が当時の知のなかにいっぱいあったのではないかというふうに思っています．

(2) 国際的地域共同体とアルトジュース主権論

それから，国際的な地域協同体の問題も考えました．これは特に覇権国家の問題と非覇権国家の問題です．

これは特に新興の覇権国家は，非常に膨張します．だからイデオロギーとか何とかというよりも，一種の構造的展開だと思うのです．現在朝鮮の問題も，南北朝鮮が分かれていることが自明でなくなっており，アメリカがトランプになってくる，中国は非常に膨張主義的になってくるというふうなときに，東アジア，あるいはアジア・太平洋の共同体というか，関係をどうつくるかということは，決定的に重要です．しかし，今までの材料ではかなり難しいと思うのです．そういうシステムをつくるときは，僕はやはり主導国は実際上，必要だし，主導国がどうするかが，その主導国をどうするかが非常に重要だと思うのですが，このときに，戦前の日本のことを思い出しました．

三木清が東亜協同体を言うときに，彼がずうっと一貫しているのは，よく読むと，日本のことを言っています．東亜協同体が必要であると．それは資本主義の矛盾，ナショナリズムの矛盾を克服して，しかも，それを社会主義的なものや，ナチ的なもののような全体主義ではない形でどうつくるかということを，国内でも国外でも，どうつくるかが協同主義の問題だというのが，彼の問題意識だと思います．そのときに東亜協同体の問題というのは，そういうものをつくることが必要だと．そのためには，大事なのが，主導国の日本が協同主義的にならなければならない．日本で，その資本主義の矛盾や，それからナショナリズムの問題，国家の問題を協同主義的に解決できるような，協同主義の国になって，初めて東亜協同体は可能になるということを，彼はずっと一貫して言っています．

このことは，現在の問題で言えば，中国がどう協同主義的になってもらうかということを，中国だけではありませんが，考えざるを得ないし，アメリカも，もうちょっと協同主義になってもらわないと困る．等々の問題として，考えざるを得ず，その問題について，もう1回，たとえば蠟山政道なんかの東亜協同体論の問題，これは王さんなんかも明らかにしてくれていますが，もう1回，そういう視点から見直す必要があるだろうというふうに思います．

この点については，僕は日本の近現代を，自由主義と協同主義，市場と協同，資本主義と協同主義の共時的存在と，通時における螺旋的展開（自由主義→協同主義→新自由主義→新協同主義→新新自由主義……）として見ることができると指摘しました[11]．同様に，アメリカでも協同主義的契機が強いとの最近の研究[26]もあるように，資本主義と協同主義が併存しています．中国でもたとえばコロナ禍で封鎖された武漢市で，社会のなかでの多様な相互扶助の動きが社区を中心にあったように，社会主義と協同主義が併存していると思われます．さらにインドに縦ではない横の多元的職能的なあり方も含む協同主義的契機が，韓国における社会的連帯経済の著しい発展などがあります．これらの国々の協同主義の側面の自覚的連携を促進することによって，アジア太平洋地域の次のシステムへの展開が考えられると思います．こうしたローカルからグローバルまでの展開において，ホッブス的主権論と，社会の最小単位が主権をもち，その上の単位がそれを補完するというアルトジュース主権論が，協同主義にもポスト戦後システムにとっても重要なことは既に指摘しました（雨宮昭一『ポスト戦後システムと協同主義』8，10，15頁）．

6. 結びにかえて

内外の協同主義の知の問題を考えてきました．ここでは最後に触れた協同主義の共時と通時を最近のさまざまな動きと関連させて触れておきたいと思います．

まず，興味があったのは，2018年度の政治学会の報告で，オールドリベラリストなどと呼ばれていた南原繁が，資本主義に対して「協同主義」を唱え，世界連邦につなぐとの意見でした（川口雄一報告[27]のD4-2）．

第二に，最近，コロナ禍のなかで，資本主義にかわりうる「脱成長コミュニズム」[28]，共産主義[29]などのラディカルな変革の言説や，「社会的連帯経済」の著作もたくさん出版されています．前者に共通しているのは，一種の末法思想，末世思想であり，コミュニズムなどへの全面的な転換を主張しています．それらは，全体主義でない資本主義の問題の解決の方向と方法を主張する点で，協同主義の1つであると思われ，積極的に評価しますが，一種の既視感ももちます．つまり，これまで資本主義の行詰りなどのときに，ほぼ必ず上記のような言説が現れ，やがて資本主義が再編されると見えなくなってしまう循環です．私は，前の著書[11]で，自由主義→協同主義→新自由主義→新協同主義→新新自由主義……という通時性を提起しましたが，これらの言説もその循環のなかに位置づけると生産的だと思われます．

第三は，コロナ禍への対応における，日本のあり方の特徴と戦後システムとしての憲法体制との関連です．先に述べましたように，“ちゃんとした福祉国家”と比べると，日本の対応は“中途半端”だと述べましたが，コロナ禍対応においても，強制力を行使しない点で他国と比べて“中途半端”です．これは，原発事故対応について調べたときにも，原発保有国は，ほとんどが軍隊に特殊部隊をもって，軍事的に対応しています．日本は，そうではない点で“中途半端”[30]である点でも共通します．

その“中途半端”さは，端的に言えば戦争ができない，しないシステムに淵源します．つまり9条体制の継承と厳存です．この“中途半端”性は，ドイツにおける対外的に「シビリアンパワー」か「普通の大国」かの問題[31]と関連し，日本は前者の傾向が強いと思います．このさまざまな側面にわたる日本の現在の“中途半端”性をよりポジティブなものとして評価して，内外の協同主義と関連させると現実的な展望がひらけると思います．それは日本国憲法体制における9条と基本的人権の現存ゆえに，基本的人権を守り，非覇権の国際的勢力の結節点にもなりうると思います．

最後に，コロナ禍でも現れた「ポスト・トゥルース」「フェイク」の問題です．私も「ポストモダン」「言語論的転回」にさおさしてきたものとして一種の責任を感じています．つまり，事実と言説の現実的共存の問題です．この問題については「新実在論」が唱えられ始めました．これも観念論—構造主義—社会構成主義—新実在論……という循環過程だと私には見えます．その循環に無自覚に流されるのではなく問題を考える必要があると思います．この問題に示唆を与えてくれる書物[32]があり，民芸運動は相互扶助論に影響を受けている（注[32]の323頁）などの指摘がありますが，「さまざまな両極性の対立を無効にする動的過程」（注[32]の225頁）としての芸術作品の読み解きがあります．これは，「ポスト・トゥルース」の問題にすれば，両極のどちらかにつくのではなく，両極性の対立の無効化をめぐるヘゲモニー空間として設定できると思われます．そのヘゲモニーにおいて差異と格差と分断を基本的動因とする資本主義と，協同と連帯を基本的動因とする協同主義は，重要な意味をもつと思われます．

付記：本稿は戦時法研究会（2020年7月4日オンライン）における報告を基にして作制されたものである．

【注】

[1] 我妻栄編集代表『日本政治裁判史録（全5巻）』第一法規出版，1969年.
[2] 雨宮昭一「近代日本における戦争指導の構造と展開」1973年，博士論文（後に雨宮昭一，『近代日本の戦争指導』吉川弘文館1997年に収録）.
[3] 雨宮昭一「戦争指導と政党――外交調査会の機能と位置」『思想』岩波書店，1976年，622号．後に同前1997年に収録.
[4] 雨宮昭一「大政翼賛会形成過程における諸政治潮流」『茨城大学教養部紀要』第15号，1983年（後に雨宮昭一『近代日本の戦争指導』吉川弘文館，1997年に収録）.
[5] 雨宮昭一「1940年代の社会と政治体制――反東條連合を中心として」『日本史研究』308号，1988年4月（後に[6]に収録）.
[6] 雨宮昭一『戦時戦後体制論』岩波書店，1997年.
[7] 雨宮昭一『占領と改革』岩波書店，2008年.
[8] 雨宮昭一『戦後の越え方』日本経済評論社，2013年.
[9] 雨宮昭一「戦後の越え方と協同主義――協同主義研究のための見取り図の一つとして」『独協法学』100号，2016年（後に[11]に）.
[10] 雨宮昭一「総力戦体制論と戦時法研究の射程と『時限性』」小野博司・出口雄一・松本尚子共編『戦時体制と法学者 1931～1952』国際書院，2016年（後に[9]へ）.
[11] 雨宮昭一『協同主義とポスト戦後システム』有志舎，2018年.
[12] 雨宮昭一研究ノート「小金井市の近現代史から市の現状と課題を考える」『地域総合研究』12号，2019年.
[13] 雨宮昭一研究ノート「協同主義研究の様々な課題と様々な立ち位置――ポスト戦後体制模索期と内外の当事者性，メタ，既成制度」前掲13号，2020年.
[14] 雨宮昭一研究ノート「「協同主義とポスト戦後システム」再論――社会的連帯経済，再編福祉国家論，MMTと関連させて」前掲13号，2020年.
[15] 雨宮昭一「既成勢力の自己革新とグライヒシャルトング――総力戦体制と中間層」山之内靖，ヴィクター・コシュマン，成田龍一共編『総力戦と現代化』柏書房，1995年.
[16] 坂野潤二『帝国と立憲』筑摩書房，2017年，257頁.
[17] 篠原一『現代の政治力学』みすず書房，1962年.
[18] 中村元『近現代日本の都市形成と「デモクラシー」――20世紀前期／八王子市から考える』吉田書店，2018年.
[19] 歴史学研究会編『歴史学研究』998号，2020年7月.
[20] 雨宮昭一「惜春会の形成と展開――大正末期昭和初期における既成勢力の“自己革新”」日本現代史研究会編『日本ファシズム（1）国家と社会』大月書店，1981年（後に雨宮昭一『総力戦体制と地域自治――既成勢力の自己革新と市町村の政治』青木書店，1999年に収録）.
[21] 山之内靖『総力戦体制』ちくま学芸文庫，2015年，412頁.
[22] 米山忠寛『昭和立憲制の再建』千倉書房，2015年.

[23]「2015年の回顧と展望」『史学雑誌』2016年5月，160頁.
[24] 雨宮昭一・福永文夫・獨協大学地域総合研究所編著『ポスト・ベッドタウンシステムの研究』丸善プラネット，2013年.
[25] ブログ「都市の農村化と農村の都市化の交錯——田園都市構想とポストベッドタウンシステム」2021年2月19日.
[26] ネイサン・シュナイダー（月谷真紀訳）『ネクスト・シェア』東洋経済新報社，2020年.
[27] 川口雄一「南原繁の政治哲学における「国際的デモクラシー」の理念」2018年度日本政治学会報告，D4-2，日本政治学会『2018年度日本政治学会研究大会プログラム報告要旨集』2018年，100頁.
[28] 斎藤幸平『人新世の「資本論」』集英社新書，2020年.
[29] スラヴォイ・ジジェク『パンデミック』Pヴァイン，2020年.
[30] 雨宮昭一・岡垣知子編『3.11後の日本と国際社会』丸善プラネット，2014年.
[31] 中川洋一『ドイツはシビリアンパワーか，普通の大国か？』法律文化社，2020年.
[32] 沢山遼『絵画の力学』書肆侃侃房，2020年，225，323頁.

終　章

時代への向き合い方

1. はじめに

今日は高齢者が時代にどう向き合っているかという問題を，僕に即して考えてみたいと思います．僕が関わっているのは学問なのですが，学問の問題も，三谷太一郎さんがおっしゃっているように，人間の一生の仕事だと思いますので，若いときだけの学問で終わるということでは実際にないのではないか．青春期の学問と老年期の学問というのは，それぞれ異なった課題があるのではないか，そのことに対して私の学問がどういうふうに展開してきたかということを，少しお話をさせていただきます．

その場合に，時代の問題としては，超高齢化社会というのが迫っていて，だから超高齢化社会のなかの高齢者の働き方のような問題を少し考えてみたい．ベルリンにいる長男が久しぶりに帰ってきて，少し話をしたのですが，彼らが何を考えているかというと，近い将来100歳ぐらいまでみんな生きてしまって，そして当然年金とか社会保障が今までのような形ではできないということも含めて，80歳や85歳でもちゃんと働かなければならないということはもう現実ではないかと．自分たちの子どもたちは，もっとそのことが切実になるということを，かなり悲観的に話すのを聞いたのです．

そうすると，確かに働かなければならないということは事実なのだけれども，子どもたちが言っているのは，今の青年期や壮年期で働いている人たちの働き方が，そのまま85歳まで続くということに対する恐怖があるわけです．

働くことは事実なのですが，苦役でない働き方というのはどうありうるかということと，そのシステムを今のうちに考えないといけないのではないかということを，少し考えてみようと思います．

2.　超高齢化社会への遺伝子研究者，IT研究者の見立て

まず，高齢化社会のとらえ方として，割合に近頃，世界でも評判になっているいくつかの本があります．1番目の本はデビッド・シンクレアというハーバード大学の遺伝子研究者，生物学者ですが，彼が書いていること[1]とか，それからリンダ・グラットンらロンドン・ビジネススクールの人たちが，100年生きているときに人間どう生きるかという話を，これもすごいベストセラーになっている本[2]で論じています．それから，これは平良さんから紹介いただいた，ピーター・ディアマンディスたちの書いたもの[3]があります．

このハーバード大学の遺伝子研究者の話によると，「健康なまま120歳まで生きられる時代へ」完全に入ったということを言っているわけです（注［1］の35頁）．具体的には，遺伝子対応と薬で実際の老化がなくなる状態になってくると．そうなるとどうなるかというと，たとえば，高齢者も含めて，「サバティカル制度」のような形で，対応能力を不断に身につけるようなシステムをつくって，高齢者がちゃんと働けるようなシステムをつくるべきであるということを言っています．そのことによって，高齢者がみんな働くから，保険料とか年金も，ある意味では「廃止」を含めてできて，非常に潤沢な状況が生まれるという割合に明るい議論をしています（注［1］の456頁）．

それから，グラットンたちが言っているのは，つまり，ほとんど100歳生きるのは当たり前になってくると「100年ライフの……人々が70代後半，80代になっても……活力と生産性を失わず，長く働き続ければ年金問題や人口減少の弊害はだいぶ和らぐ」（注［2］の10頁）ということを言っています．そこでは，まず人間が一生のなかで教育を受けて，仕事をして引退する．10代，20代，30代，40代，50代，それから60代以降のような，そういう人生モデルは明らかに崩壊せざるを得ないということを言っています（注［2］の82頁）．そして

そうだとすれば，そのことはテクノロジーが非常に発達することによって，高齢化とテクノロジーの発達という2つの問題がそういう時代を生み出していると．だから，それに対して人間はどう対応するかと言えば，テクノロジーに対する「人間の絶対優位」と「比較優位」の仕事をもつことが非常に重要だと．そのためには，創造性とか共感する能力とか，問題解決とかあるいはドアを開けるというふうな身体作業，そういうふうな問題については人間が働けるところだということを言っているわけです（注［2］の117頁）．

それから，ディアマンディスの本ですけれども，ここでも技術が発展すると，今まで固定していたものが「大移動」すると．それから知性も，個々人というよりも，ただ集合的な「メタ知性」が現実化するという事態になってくると（注［3］の378頁）．ただ，彼らが言っているのは，多くのモノやサービスのコストは非常にゼロに近づく．非常に安くなると．

一方で，すべて今まで収益化のなかに入っていたのですが「非収益化」がどんどん進むことによって，世界中のあらゆる人が，住んでいる地域とか属している社会的，経済的位置とかに関わらず，全体として低いコストで教育や娯楽や医療が受けられるようになっている，というのが彼らの見立てです（注［3］の381頁）．そこでは，「非収益化」と「大衆化」ということがかなり進行していて，確かに所得格差などはあるけれども，しかし全体的，長期的に見ると，たとえば平和の問題で言うと，50年間のこの20～30年というのは，混乱とか殺りくが前と比べてどんどん少なくなってきていると．

それから健康については，たとえば，伝染病とかそういうさまざまなものが，かなり劇的に改善されていると．これはだから，事実の問題として，総量的にそれが50年から100年の間に続くということは言えるということです．それはつまり，非収益化，大衆化によるものの結果であるというのが彼らの議論です．それから，再生エネルギーのコストが急落していると．それから，今言ったようなことを支えるデジタル接続と高性能で安価なデバイスの入手しやすい状況が生まれてくると（注［3］の382頁）．だから，その点ではディアマンディスの議論は，全体としてはちょっと楽観的な議論です．

このもてはやされている人たちの議論では，まずはっきりしているのは，人間は100歳以上までほぼ絶対に生きる状態に入ったということ，70代，80代まで活力と「生産性」を必要とするということ，教育とか医療などが全体で底上げされているということを全体としては言っています．

この問題も，彼らは言ってないのですけれども，マルクスの「必要の王国から自由の王国へ」という問題があります．物的条件の問題，つまり著しく生産力が増大しているということは全員が一致して言っているわけです．生活や必要に迫られての生産はかなり減少していくという状態がある意味で「必要の王国から自由の王国へ」であり，労働が生活のための作業ではなくて，労働そのものが第一の欲望になるようなものが「自由の王国」というのだけれども，そういう少なくとも物的条件はかなり現段階では高まっているのかいないのか，という問題があって，そのことを前提にしてどうソフトを組み替えるのかという議論が必要ではないかと思っているわけです．

この問題にも関係するのですが，ハンナ・アレントの，有名な「労働」と「仕事」と「活動」の問題があって，アレントの話は，彼女はマルキストではないのだけれども，割合にマルクスの「必要の王国から自由な王国へ」みたいな議論と，通底しているところがあるのです．いずれにしても，「労働」は非常に苦役なものであって，それはまさに必要に応じているのですけれど，「仕事」は物や事をつくるもの，「活動」は社会的な関係性をつくるということで，ある意味ではレイバーの問題ではなくて，ワークとかアクションができる条件ができ始めているという議論が，どうもこの3者のなかでは言えるところがあって，この問題を高齢者の働き方なり働くシステムの問題をどう考えるかということと関連させて考えてみたいと思いました．

3.　内閣府，厚生労働省，総務省，県，市町村の定義と対応

では，それが日本のなかでどう行われているかという，これも全然専門性はないので，内閣府とか厚生労働省とか総務省が，あるいは県や市町村が，この超高齢化社会と働き方について何を言っているかを，インターネットに載せられたそれぞれの白書や報告書などで調べてみました．はっきり言えば，よくやっているという感じが改めてしたのですけれども，これもある意味では日本の福

祉国家のあり方のような問題が関係するかもしれません．

当たり前のことですが，高齢化社会というのは65歳以上が7パーセント以上の社会のことで，それから高齢社会というのは14パーセント以上．それから超高齢化社会というのは27パーセント以上というのが基準のようです．そうすると，日本の場合だと，1970年に高齢化社会に入って，1994年に高齢社会に入る．そしてその後2007年に超高齢化社会に入る．だから，現在はもう入っていて，これは人口研究所の予想ですけれども，2029年には30パーセント，2060年には40パーセントになるだろうと．2060年には75歳以上が26.7パーセント．つまり人口の4人に1人が75歳以上になるということです．

100歳時代に入っているという感じはするわけですが，面白いのは，この高齢化社会から高齢社会への移行が，日本の場合だと24年かかったのですが，ドイツは42年，フランスは114年かかったそうです．それが一体，何であるかという問題がある．特に日本の場合には，少子化と高齢化が割合に激しく進むということが関係あるという話です．いずれにしても世界の先端にあるとのことです．

というようなことを前提にした上で，内閣府はどんなことをやっているかというと，生産性と人口の問題でなんとかしなければならないということで，これは安倍内閣のときに立てた「1億総活躍社会」という問題が出ているわけです．それから，厚生労働省の場合だと，労働力不足の問題と介護問題があります．それから，総務省はデジタルと超高齢化社会がテーマになっているということです．

共通しているのは，行政だけでは到底この問題に対処できないということで，これはつまり社会にそれを自立的にかなりの程度やってもらわなければ困ると．高齢者について言えば，高齢者にしっかり働かせる．働かせるというのは，これも共通しています．元気な高齢者を「活用」するということを結構使っています．総力戦体制時の人的資源の活用という問題が持続している感じですが，「活用」「活躍の場」というふうなことは，この問題についてはそれぞれの省庁が言っています．

ただ，元気な高齢者の問題で面白いのは，2010年に介護保険を使っていない人は78パーセント．だから結構元気な高齢者がいるということも事実です．

県とか市町村は，そういう問題に非常に多様な形で対応しています．たとえば，埼玉県だったら，ポストベッドタウンシステムという言葉は使わないけれども，ベッドタウン的な都市近郊のなかでの超高齢化社会をどうキープしていくかという議論をしている．それぞれの県がそれぞれの特徴をもって議論しています．市町村はもっとそれが細かくなっています．

そういう点で言うと，第2節でお話ししたような著書と比べると，言うまでもありませんけれども，非常に具体的です．第2節で挙げた著書も含めてですけれども，僕はちょっと偏見をもっていて，全体としては高齢者を生産性の低い労働力，あるいは労働力でなくなるという意味で言うと外部不経済として，高齢者の問題を排除しているというふうに思っていたのですが，割合にそうでもないです．そうでもなくて，その余裕もなくなったと言うべきかもしれませんけれども，「働かせる」「活用する」ということを言っています．

ただ，その場合も，成長主義とか，資本主義的な企業への雇用ということ一辺倒ではない形での高齢者の社会における働き方，あるいは活動の仕方を提案しています．具体的には，コミュニティービジネスとかNPOとか社会的企業とか，そういう必ずしも資本主義的な雇用関係ではないあり方を，かなり都道府県とか市町村では具体的に提起しています．だから，これらを僕らがずっと話しているワーカーズコレクティブとか社会的連帯経済などの互助と連帯とシェアなどに位置づけたり，再定義したり，付け加えると，協同主義的働き方が十分可能なハードやソフトにわたる現状があるというふうに思いました．

これまで僕は自由主義でも全体主義でもない，問題の解決方法として協同主義を定義し，その意味で協同組合主義より広い定義をしてきました．そして，それで国家や企業のあり方をデザインすること．だから協同主義的大きな政府，協同主義的小さな政府も，社会的企業もあるのです．そして第2節の著書のように，雇用的働き方を前提に老年になってからのことを考えるのでは済まず，実は青年期，壮年期における遊びも含む，「苦役」でない，雇用関係でない働き方がなされていなければならないと思います．これは「青春期の学問」と「老年期の学問」の関係とまったく共通すると思います．

第2節の著書や省庁，自治体の「老年期の働き方」の提案に戻れば，ここでも自由主義か協同主義かではなくて，自由主義と協同主義は特に近代以降は基本的に共時的，通時的に共存していた，とずっと僕は議論していますけれども，このレベルでも自由主義と協同主義の共時・通時における併存と循環でこの問題を考えるというソフト，ハードにわたる条件はかなりある，というように思いました．

4. 老年期の学問の展開と時代への向き合い方，その場

最後に，老年期の学問の展開と時代への向き合い方，その場の問題です．これはまったく私の個人のことをちょっとメタ的に考えてみたのですが，私の単著があります．岩波からの『戦時戦後体制論』，吉川弘文館からの『近代日本の戦争指導』，それから青木書店からの『総力戦体制と地域自治』．この3冊は私の「青年期」あるいは「青春期の学問」をまとめたものであるというふうに思います．それぞれが軍事とか社会とか地域というふうな，日本政治外交史のなかのさまざまな細かい各論をやっているものです．そしてその全体を，政治社会史という方法を構成して明らかにしようとしました．

後半の3冊，岩波の『占領と改革』，日本経済評論社の『戦後の越え方』，有志舎の『協同主義とポスト戦後システム』，この3冊は「壮年期」から「老年期の学問」の表現です．後者はもちろん，前者の「青春期の学問」が完全に基盤になっています．だから，これは三谷さんも，「青春期の学問」がきちっとできてないと，「老年期の学問」は成立しないというふうに言われていますが，僕は実感的にわかります．

後者は，「青春期の学問」を基盤にしながら，もっと具体的な地域とか行政とか運動とか企業などに関わる展開をしているというふうに考えます．「青春期の学問」が各論的で各領域的であったものが，後者の「老年期の学問」では比較的，時間，空間，諸学問において俯瞰的，総論的，実践的な中身として存在していると思います．

理論的には，特に「老年期の学問」としては，協同主義の問題，ポストベッドタウンシステムの問題，それから社会的連帯経済の議論をしています．そこでは，さっきもお話をしたように，自由主義と協同主義の共時，通時の併存．

共時というのは，現在の構造的な形での協同主義，自由主義の関係性と割合のことですし，通時というのは，時間的な形での，相対的に自由主義的なものから相対的な協同主義へ，新自由主義から新協同主義へ，そして新々自由主義へ，さらに新々協同主義へというような形で通時の併存と循環などを考えていて，それがいわば社会や政治や経済の各領域に存在しているということです．

かつ，互助とか共有とか連帯のようなことが必要であるというようなことが最近ずっと言われ始めていて，それが千年王国のように現在のシステムを全部否定して，新しい体制に全部を変えるという議論は昔からよくある議論ですが，ある意味で戦略的な展望がないわけです．しかし，そういうことを具体化する，現実化する契機が現実のなかにどうあるかという問題を考えたときに，たとえば，自由主義と協同主義が現実の各党派のなかに存在すると．たとえば，自民党はまさに自由主義派と協同主義派が混在しているし，あるいは公明党とか共産党というのは明らかに協同主義の側面が強い等々の，そういう互助とか共有とか連帯など協同主義を推進するような現実的な根拠が，現実のなかに存在するということを入れることによる実現の戦略的展望が，明らかにされているのではないかと思います．このことは「「言説」と「事実」，長期と短期，社会と政治を媒介するミドル・レインジ，ミドル・レベルを，社会過程の変化を中心に明らかにする」「政治社会史の意味はここにある」との僕の「青春期の学問」(注 [4] の序) から連なっていると思います．

以上の要因として，1つ目は，今の協同主義研究会もそうですけれども，専門の異なる若い研究者とのいろいろな意味での共同研究が，僕は高齢者になってからもかなり行われているというふうに考えています．世代の多様性と協力に関わります．それから，2番目は，ポストベッドタウンシステムというのを，これも壮年期，老年期に出した議論ですけれども，そのことはたとえば日野市なんかも含めてさまざまな自治体で現実的に取り上げられている．これは当たり前のことなのですが，崩壊集落と大都市中心部が問題にされていて，実はその真ん中にある膨大な都市近郊社会，あるいはベッドタウンシステムの問題をどうするかという問題を，具体的，現実的に提起するということを行ったわけです．自治体との関係で新しい問題の解決の仕方を一緒にやっています．

それから3番目は，僕たちが提起した地域内循環も含めて地域の自立性と展望の問題を，たとえばローカル性を脱却するかしないかという戦略決定のときに，それに現実的な示唆を与えたということを，企業の幹部から言われたことがあります．これもある意味では企業との関係性があるということです．

4番目に，自分も理事になったりするNPOとか，それから市民運動に関わっていて，現実にはそんなに体なんか動かせないのですが，ただ非常に印象的だったのは，たとえば運動を行っている商店街のおかみさんが，いろいろな新しい運動というのはもちろん抵抗がいっぱいあるわけですが，そのくじけそうになったときに何が助けになったかというと，「先生たちによるこの運動の歴史的な位置づけと，それから意味と見通しがある意味ではそういう抵抗や障害があったときに耐えることができた」という話を聞いたことがあります．これはいくつかのところで聞きますけれども，そういう関係性です．さらに自身も含めたことですが，困難な人々を支援することは，支援している人たちの居場所と社会にいる意味を与えています．「助けて」という人は「助ける」人を助けているのです．「相互扶助」の1つの形です．だから前の本でも述べたように，「他人に迷惑をかけない自立した個人」とかの教育や言説は“犯罪的”だと思います．

5番目には，やはり前の本で詳しく触れている地域の多様な市民たちとのゼミや講座での交流などがあるわけです．そういう場での文化や遊びのネットワークが，地球のボランティア，NPO，介護，防災，児童保護などのネットワークと連動しています．それは第3章でも触れましたように，日々の社会の形成と運営に不可欠な基本的要素であること，さらに，そのような楽しい遊びと文化がAIなどとも関連する今の，そしてこれからの超高齢化社会にとって不可欠なものでしょう．

以上のように，私を1つの例とする老年期の学問という形と時代の向き合い方という問題を考えると，超高齢化社会の資本主義的な雇用だけではない，高齢者の働き方の1つのあり方を示している可能性もあるかもしれません．それは，ある意味では現在の，近い未来における物的条件の下での「仕事」とか「活動」の具体化につながるかもしれないというふうに思います．

かなり雑ぱくな報告ですが，以上で終わりたいと思います．

付記：本稿は2021年6月27日の協同主義研究会での報告を基にしている．

【注】

[1] デビッド・A・シンクレア，マシュー・D・ラプラント『LIFESPAN（ライフスパン）——老いなき世界』東洋経済新報社，2020年．

[2] リンダ・グラットン，アンドリュー・スコット『LIFE SHIFT（ライフ・シフト）』東洋経済新報社，2016年．

[3] ピーター・ディアマンディス，スティーブン・コトラー『2030年——すべてが「加速」する世界に備えよ』NewsPicksパブリッシング，2020年．

[4] 雨宮昭一『戦時戦後体制論』岩波書店，1997年．

補　章

ポスト戦後システム形成過程のなかで

——オンライン研究会，書評，ブログ

1 戦後体制の言説生産の場と主体

〔1〕戦後体制の言説生産の場と主体
——廣田直美『内閣憲法調査会の軌跡』と関わって——

（『占領・戦後史研究会ニューズレター』41号，2018年6月）

はじめに

1956年岸信介内閣の下でつくられた憲法調査会が改憲促進の予測に反した理由は，これまで政治状況，運動という「外側」からの説明で行われてきたが，本書（廣田直美『内閣憲法調査会の軌跡（青山学院大学法学叢書第5巻）』日本評論社，2017年）の著者は調査会の「内側」からそれを解明しようとする．

本稿はその成果を踏まえて，①内外の関連を改めて考える，②それによる新たな「外側」自体を踏まえ，③この時期52年から60年代の知と政治における位置と意味を再考しようとするものである．その内外をつなぐものは本書のテーマの「キーパーソン」のなかのキーパーソンである「最初から護憲派」である蠟山政道，当初は改憲派で護憲派に「転向した」矢部貞治の会内外の動きであり，それを戦後体制と諸潮流のなかに位置づけたい．憲法調査会は戦後体制のサブシステムである憲法体制を支える言説生産の場であり，過程であったのであり，それは日米合作の解釈改憲体制としての憲法体制形成に帰結したからである．

■ 概　要

会長高柳賢三を中心とする会の主流派は，占領軍による「日本弱体化」「脅迫」という「感情的押しつけ論」の主張を抑える意図をもって，多数決で決めないルール決定，小委員会の人選，渡米調査のセッティングなどを行った．そして内容については，天皇条項についてはマッカーサー主導説，決め方については脅迫でなく救済，9条については幣原提案説などを取り上げて日米合作説を構成し，それを2つの報告書で表現した．これらのことが「現在の憲法の安定性をもたらした」と著者は述べる．

本書は適切なカテゴリーで事態を整理し，1次資料を使用して調査会の内的過程を見事に形象化している．優れた作品は，業界を越えて他業界の諸事の見直しを触発し，それがまたその作品に跳ね返る．

■ 関連する諸論点

第一に，1952年から60年代の位置づけをめぐってである．そのために「感情論的」ではない「占領下に制定された故の押しつけ憲法論」をどうするか．言い換えれば，本書で触れられていない「逆コース」でない新憲法の可能性である．削除された「暫定憲法か恒久憲法か」(89頁) に関わる論点である．その方向つまり「逆コース」でない新憲法の可能性がないとすれば現憲法を国家主権，国民主権の下で改憲しないことを決定したという意味で1955年2月27日総選挙のもつ憲法史における意味と位置があるのではないか．それがこの調査会の客観的で強い前提でもあったのではないか．

第二に，以上の言説生産の場としての調査会のキーパーソンたちの戦後体制言説生産における位置である．矢部は国会議員の3分1，国民の半分が護憲であり，「逆コース的改憲なるものには反対」(1956年5月) と述べており，蠟山は1945年10月8日「日本の国体を改め……立憲君主国を」と述べて，鈴木安蔵などが元気づけられている (54頁)．一方，美濃部達吉は明治憲法でよいとしていた．

この事態を整理するために主体としての4潮流，協同主義と自由主義，第一の国体と第二の国体について述べておこう．1930年代に反動派，国防国家派，協同主義を主張する社会国民主義派，自由主義派がある．近現代日本には戦前の近代天皇制という国家体制＝第一の国体および1952年以降に形成された第二の国体がある．戦後の政治を第一の国体と第二の国体を縦軸に，自由主義と協同主義を横軸に4象限で見る見方がある（雨宮昭一『協同主義とポスト戦後システム』有志舎，2018年）．

これから見ると，4潮流のうち自由主義派の美濃部は明治憲法で第一の国体で自由主義の象限に，社会国民主義派の蠟山，矢部は「逆コース的改憲」に反対していて「第二の国体」で協同主義の象限にある．つまり第二の国体を主導的に創出する主体としての社会国民主義派が存在する．その意味で改憲の適否は蠟山にとって「学問的関心」（61頁）に尽きるものではなかったであろう．

第三は，“日米護憲連合”の合作としての“日米解釈改憲体制”という論点である．訪米調査の折，アメリカの国務省は押しつけであったが改憲させたくないのでハッシーやラウエルを調査から外そうとしたり（98頁），ケーディスも改憲させたくない意向を有している（106頁）．さらに1957年11月29日付米側書簡では明文改憲より「運用」を述べている（104頁）．以上から非改憲を主張する調査会内高柳グループと明文改憲ではなく「運用」をよしとするアメリカとの微妙な合作としての“日米解釈改憲体制”が形成された側面があろう．それ自体のその後の変化や以上の“日米護憲連合”と異なる“日米明文改憲連合”はいかにあったか，いかにあるかを考えなければならないだろう

第四は，調査会のみならず以上の過程のキーマンでもある矢部と蠟山，特に後者の憲法論の位置と意味を戦後体制の言説生産と関連させて考えてみよう．矢部は彼の日記などを見ればわかるように，基本を協同主義に置きながら戦後体制構想を主張し，この時期にはそれに「逆コース改憲反対」を現実化し加えている．つまり，協同主義で第二の国体である．それは三木武夫のブレーンとして，さらに「改憲しない」池田勇人首相のブレーンとして，実践的にも関わっている．その側面から言えば，池田内閣は“立憲的開発独裁”で自由主義とは異なるかもしれない．

蠟山は調査会を仕切り，護憲のツルービリーバーである．彼の戦前戦時から見るとフェビアン協会に関心をもち，職能原理を内外に展開し，脱国民国家，協同的有機体的論理を論じた（酒井哲也「『東亜協同体論』から『近代化論』へ——蠟山政道における地域・開発・ナショナリズム論の位相」『近代日本の国

際秩序論』岩波書店，2007年）．戦後は古いナショナリズム＝逆コース改憲もマルキシズムも否定する．そして福祉国家，世界福祉国家の構想のためには民主化と計画化，共同決定などが必要と述べる（蠟山政道「日本の近代化と福祉国家の建設」『中央公論』，1961年8月号）．そのために基本的人権も保障した日本国憲法は，この構想に不可欠とするのであろう．

蠟山は1920年代には国家に対しては多元主義を（蠟山政道『国策企業・公営企業——国家と産業との関連』国土社，1981年，78頁），戦時中は資本主義の利潤追求を相対化し（前掲書，3頁），戦後になっても資本主義と民主主義は異なるものであり，経営に民主主義を入れて「人間の協同体としての経営」を主張している（前掲書，164頁）．彼はロストーやライシャワーに同調する「近代化」という言葉を使用し，他方で，晩年には彼が主張してきた開発行政を促進する管理論，組織論では済まないことを自覚している（前掲書，174頁）．

蠟山はロストー，ライシャワーに同調する「近代化」を使用し，「民主社会主義」を主張している．しかし，その2つの文脈ではなく，それと異なる文脈を有している．彼は戦前戦時までの協同主義の基本を戦後も維持している．さらに第二の国体を主張した．つまり，彼は自由主義で第二の国体と並び，協同主義で第二の国体という戦後体制のメインコンテンツの言説生産者であった．前述のようにロストー，ライシャワーに同調する「近代化」や，また「民主社会主義」を主張したが，本人の主観とは異なり，客観的にはもっと長く広く深い位置を有したと言うべきだろう．それはまた1950年代に協同主義から自由主義への言説と知の転換があったとの認識の再検討を要請する．その上で蠟山が自覚した開発のための協同主義，開発のための管理論，組織論の歴史的限界を引き受ける段階に今があろう．それは“新しい協同主義”（前掲『協同主義とポスト戦後システム』）としてのありようであろう．

〔2〕蠟山政道の理論の射程

（ブログ：「雨宮昭一の個人研究室」（以下，ブログと表記する）2019年6月30日）

2019年5月25日に占領・戦後史研究会があり，王継洲さんの「蠟山政道の政治学に対する考察——国家論を中心にした」の報告があった．蠟山の理論の内容を先入観をもたずに説明した優れた報告であった．これに対していくつかのコメントをしたので，ここに記しておく．

(1) これまでの蠟山の政治学については多くの優れた分析があり，最も優れたものの1つに三谷太一郎さんの「日本の政治学のアイデンティティを求めて——蠟山政道の政治学の模索」『学問は現実といかに関わるか』(東京大学出版会，2013年) がある．そこでは蠟山は『「国民協同体」および「東亜協同体」の崩壊によって……『学問的破産』に逢着した』(126頁) とされる．しかし蠟山が取り組んだ資本主義と自由主義の生み出す問題への対処としての「国民協同体」と「東亜協同体」の課題は担い手や条件は変化しても依然として現在まで持続しているのではないか (雨宮昭一「小金井市の近現代史から市の現状と課題を考える」『地域総合研究』12号，2019年3月，59頁)．

(2) 戦前における資本主義の生み出した問題への対処を，手放しの自由主義や市場主義でも，ファシズムや共産主義のような全体主義でもない方法で対処しようとしたのが「国民協同体論」であり「東亜協同体論」であり，「立憲的独裁論」である．蠟山はアメリカの政治学者エリオットの理論に依拠してアメリカの憲法に基づく多様なものの有機的統一としての協同体的有機体論と立憲主義を取り上げる．それに基づく「国民協同体」の集合が「東亜協同体」とする．これらを上記対処に無効であった「自由主義」「社会民主主義」とは異なる有効な方法とする．

この協同体はゲノッセンシャフトとして構想されているが，三谷さんも指摘されているように一時期蠟山は「国体」——ゲマインシャフトに非常に接近した．論点はこの内外の「協同体」は“文化多元主義”でありえたのか，今後ありうるのか，である．もう1つの論点はゲマインシャフトリヒになるナショナリズムが戦後も存在しているが，その状況から“おりないで”その渦中で理論はどうありうるか，である．

(3) 蠟山の理論は戦前戦時と戦後に断絶でなく連続している．かつそれらを連続させつつ発展させている．それゆえに第二の国体，協同主義と内外の福祉，そのための開発と高度経済成長，という戦後体制の言説のメインコンテンツを生産しえた（雨宮昭一「戦後体制の言説生産の場と主体――廣田直美『内閣憲法調査会の軌跡』と関わって」『占領・戦後史研究会ニューズレター』2018年6月，21頁）．

さらに蠟山の理論は歴史を考えるときさまざまな広がりをもつ．たとえば協同主義者の矢部貞治がブレーンであった池田内閣を私は“立憲的開発独裁”と指摘したことがある（ブログ：「雨宮昭一の個人研究室」2017年7月28日）．岸内閣も開発独裁的な側面を強く有しているが，岸は第一の国体（戦前の体制）の下での立憲的開発独裁であるのに対して，池田は第二の国体（戦後体制）の下での立憲的開発独裁と言えるのではないか．55年体制は一種の「委任独裁」であるからである．いずれにしても蠟山の理論の射程は広く長いと言ってよいだろう．

〔3〕「株主主権」という旧い体制を越え

（ブログ：2020年3月23日）

2年前の2018年3月に上梓した『協同主義とポスト戦後システム』（有志舎）の表紙の帯の裏と表の見事な文章を編集者であり社長である永滝稔さんが作成された．著者の私が付け加えたのは，唯一，「株主主権」のみであった．表の文章は

> 新自由主義の時代から新しい協同主義の時代へ
> 「自己責任」「市場中心」「株主主権」という旧い体制を越え，新たなオルタナティブを歴史の循環から理論化し，現実の地域で生起している動きと連動させつつ，新しい日本社会が進む方向を指し示す．

である．この「株主主権」を越えることについて，内外の経済界，財界から動きが始まりつつある．『朝日新聞』（2020年3月12日朝刊）では，関西経済連合

会会長松本正義氏がそれを伝えている.

1970年代に「会社は株主のもの」「企業は株主利益の最大化に専念することが社会のためになる」というミルトン・フリードマンの考えが支配的になったことから始まる.それが目先の利益の重視と社会の格差・富の偏在に帰結している.

それに対して世界の政財界のリーダーの集まりである「世界経済フォーラム」(ダボス会議)は,本年2020年1月に「マルチ・ステークホルダー・キャピタリズム」をテーマにした.つまり顧客,従業員,地域社会,取引先,株主などすべてに貢献するという内容である.その内容は日本でも既に追求されつつあるし,追求しないと「周回遅れ」になることなどを松本氏は指摘している.

2年前には「旧い」と言い切るのは大変だったが,株主主権システムを超える動きが地域や運動のほかに内外の経済界,政財界でも始まっていることに注目したい.

2 都市と農村

〔1〕都市の農村化と農村の都市化の交錯
――田園都市構想とポストベッドタウンシステム

(ブログ:2021年2月19日)

かねてからの友人である先崎千尋さんから著書『評伝山口武秀と山口一門 戦後茨城農業の「後進性」との闘い』(日本経済評論社,2021年1月)をいただいた.著者も組合長や町長などで関わった茨城県の,戦前,敗戦直後,高度成長期,高度成長後から現在における農業の変遷を,「後進性」との闘いを軸に,鹿島郡行方郡――鹿行地域の主要なリーダーの動きを中心に描いた作品である.

明治初期の自給的農業から商品経済の遅れた戦前の茨城の農村,敗戦後の小作階層を基盤とする耕作地獲得を目指した山口武秀をリーダーとする農民運動,耕作地を確保した農民たちの農業経営の要求に沿った自民党補助金政治,同じ課題に米プラスアルファ方式を打ち出した山口一門をリーダーとする玉川村農協,高度成長のなか,県知事岩上二郎,山口一門らによる「生産第一から生活第一へ」を目指した「田園都市構想」の模索と展開，その挫折の現在という流れを本書は見事に描いている．

ここで田園都市構想の展開とその帰結の位置づけを考えてみたい．本書はハワードの田園都市論を次のようにとらえる．農村における心身の健康と活動性と，都市における知識と技術的便益と政治的協同，との結婚であること．そこでは「村落地帯に取り囲まれ，その土地はすべて公的所有かコミュニティに委託され」「職・住・楽を一体として保障」し，すべての住民は「農，工，商，サービス業」ではたらく，と（214頁）．

もともとハワードの田園都市論は都市問題の解決として提起されたものであるが，茨城でのそれは，集落を基礎とする農村生活の改善計画であったことに特徴をもつ．都市問題ではなく「農村計画」であるという．生産第一主義から生活第一主義へ，個人の生活改善から集落全体の環境改善へ，補助金目当てではなく自分たちの計画づくり，具体的には生産と生活の場の分離，そのための生産団地と住宅団地造成などである．

その実行の結果は，確かに生産性や生活水準の指標が最下位に近かった地域が，現在の鹿行地域のように日本有数の園芸産地になるなどがあるが，全体としては農業の兼業化，農林漁業の衰退，農村集落の混住化などとなり，またリーダーの山口一門亡き後，玉利農協がなくなるなど「元の木阿弥」（前掲書，252頁）となったり，「田園都市づくり」は「過去のものとなって」（前掲書，255頁）しまったという．

私は，田園都市構想の新たな実現の契機が以上の過程も含めた現在の都市と農村の状況にあると考えている．まずその1つは農村の都市化の進行である．それは上記の農村生活の改善の生産と生活の場の分離などは農民生活の都市型への方向をもち，兼業化，混住化は働く場所の多様性，生活する場所に住む人々の多様化である．農村からの田園都市構想の，集落からの田園都市構想の実践はそれを促進させた．

2つ目，3つ目は都市の問題である．情報化，グローバル化などにより，大都市以外の膨大な数である地方都市は，第2次産業，第3次産業の衰退，人口減少などに逢着している．その結果，たとえばある県庁所在地の都市では中心部も含めてそこらじゅうに空き地が増え，それがほとんどすべて駐車場となっている．このような状況は，大都市の中心部以外も含めて全国に見られるだろう．このような状況に対してさまざまな「町づくり」の試みがなされているが，大きな方向性が見えないように思われる．都市と農村との関連で言えば，どう見えるだろうか．上記の駐車場は産業上からも人口上からもいずれ機能しなくなるとしたら，その後をどうするかである．それは端的に言えば，その膨大な空き地を農地にすること，それは農場，家庭菜園，市民農場とすることである．都市以前のしかしその後の都市化のもたらした豊か条件を踏まえた新たな農村化，都市の農村化である（それも不可能ならば自然であったその後の豊かな蓄積を踏まえて自然にお返しすることである）．それは過剰なグローバル化，過剰な成長主義，過剰な自然破壊の克服につながる食物の自給自足，自然の復活，農業を身近にする新しい豊かな生活様式の展開となろう．それは新たな「田園都市」ではないだろうか．

3つ目は2つ目と関連し共通性をもつが，都市からの問題である．都市と地方の問題を，一方に限界集落を，もう一方に大都市中心部を置いて論ぜられることが多い．しかし，その中間に膨大なベッドタウン地帯，都市近郊地帯があることが忘れられている．この膨大な地域も，高齢化，人口減少，産業構造の変化などにより転機に立たされている．ベッドタウンシステムは職と住の分離であるが，都市中心部で働き，郊外で生活をする，その人が住民税を払うことによって成り立つが，たとえば高齢化が進むとその人が近郊地域の福祉の対象になることなどである．その問題の解決は，ベッドタウン化以前の状態，すなわち職，住，楽，遊，学などの形態としての再接合，再近接，再結合である．それは単なる再帰ではなく，ベッドタウンの豊かな財産を踏まえた再帰である．つまり螺旋的な再帰である．このポストベッドタウンシステムもまた新たな「田園都市」と関連をもつように思われる．

かくして現在における農村の都市化と都市の農村化の交錯，コロナ禍でも明らかになった職住接合，近接も含むポストベッドタウンシステム化は，新たな「田園都市」への確かな方向性をもつように思われる．そしてその「田園都市」は土地のコミュニティ委託，公有も含めて市場の論理とは異なる契機を有している．以上の方向性は，コロナ禍で露呈した市場の論理の暴走，その市場によるグローバル化，自然破壊などの限界を地域において克服するものでもあろう．

■〔2〕小金井市議会報告会2019

（ブログ：2019年9月1日）

昨晩，小金井市議会報告会2019「市民と議員の交流会議」に初めて参加した．最初に各委員会報告があり，次になぜ市政，市議会に市民の関心が低いのか，どうしたらいいか，あなたはどうする，の3テーマをめぐる「ワールドカフェ」が行われた．数テーブル，数人，議員1人ファシリテーターである．議員，行政の怠慢，不十分，宣伝の下手さなどの意見が多かったが，私は次のような話をした．

不満がないから関心がないのではないか．議員も市長も行政もよくやっているのではないか．不満とはたとえば人口急増で汲取りも不十分な時のような諸々の「不満」はもう解決してしまっているからである．たぶん議員も市長もさらに市民もその「不満」の次元で市政や議会の内容を依然として考えている可能性がある．

その不満の既にある次の段階の「不満」課題，不満を顕在化させると関心も顕在化すると思われる．それは次の段階へのバージョンアップであり，この市における生活の新たな質の展開である．たとえば文化や遊びにも楽しみや健康にも，ひいては医療や福祉にも関係するが，自転車道が普通につくられればずいぶん生活は豊かになるだろう．そうすれば前の「不満」の段階で計画された，大事な自然や将来の生活空間を壊す大きな道路などを許すはずはないだろう．少なくとも「関心」はもつだろう．

さらに前の「不満」の解決のために汲取りの「直営」などによる公務員の増加は当然のことであるが，それが下水整備などで解決されれば再編されるのは当然である．その意味での人件費削減も既に終わっていると思われる．だからその段階の「人件費削減競争」の次の段階に入っていると思われる．1つは次の段階の課題を遂行する公務員が必要であること．もう1つは公務員の非正規化，などによる極めて不安定なあり方の増大である．社会保障費か人件費かというあり方では済まなくなっているのである．

社会保障も人件費も可能にする市のあり方を構想しなければならないことになる．私はこの地域に住宅だけではなく，新しい生活の質に関わる文化，遊び，情報などに関わる企業，起業，産業が必要と考え「ポストベッドタウン」を述べてきた．これもポスト「不満」段階の話だろう．

今回初めてこの催しに参加して，30代，40代の若い人も参加され，「子供と選挙に行く」とか「このような試みを無作為抽出でやったらどうか」などの意見も出していて，ずいぶん意味があることを強く感じた．議員の方々の努力に感謝したい．

〔3〕多様性豊かな小金井市には熟議の政治を

（ブログ：2019年9月12日）

2019年7月21日に行われた参院選の結果は，全国的にも東京都でも小金井市でも共通性がある．議席上では自民党が多いが，自民も含め議席数，得票率ともに過半数を越える政党は存在しない．政党は多数で多様であり一党では政権は取れない，つまり争点が単純な一党優位制でも二大政党制でもない状態である．

この傾向は小金井市では一層著しい．さまざまなストックをもちつつ，グローバル化，低成長，高齢化，少子化，財政難，格差などの事態は，既成の政治の機能不全，安全保障や基地問題の手詰り，社会の多様な要素の表出の不全をもたらしている．

それゆえに新たなる政治のあり方，手詰りを打開する政策，多次元の多様性＝ダイバーシティの表出が課題となり，小金井市はそれらへの対応においていずれも先端にいることは，本紙『市民運動新聞』(2018年12月25日号）に書いたとおりである．

そのような先端的で豊かで複雑な地域の首長――市長は，上記の課題の実現をさらに進めるために，以前のような多数党の与党を背景に一元的に政策を決め実行する，という形よりも（というか，それは不可能で不自然になっている），市民や与・野党関係ではない議会，議員，会派の考えを聞きながら，決定的な案ではなくたたき台を出し，それを議員個々，多様な会派，市民，地域の多様な市民団体などとともにじっくりと熟議を行い，政策を決め，実行していくことがふさわしい，と思われる．そこでは原案を修正する場合に修正案を出した議員や会派は公的に説明責任を果たし，市民に判断材料を与えなければならないことは言うまでもない．

付記：上記は『市民運動新聞』(2019年8月5日号）の「どうなる小金井市長選——参院選結果を読む」に依頼されて書いたものである．この内容と深く関連しているものとして，ブログ：「雨宮昭一の個人研究室」(2018年12月30日）の「小金井市の近現代史から市の現状と課題を考える」，あるいは同テーマの「研究ノート」『地域総合研究』(2019年3月）を見ていただくと幸いである．

3 書評とオンライン研究会

〔1〕『戦時期の労働と生活』法政大学大原社会問題研究所の2, 3の論文について

（ブログ：2018年3月12日）

出口雄一さんと米山忠寛さんから法政大学大原社会問題研究所／榎一江編著『戦時期の労働と生活（法政大学大原社会問題研究所叢書)』(法政大学出版局，2018年）をいただいた．「第八章　戦時期の生活と「遵法運動」」と題する出口さんの論文は国家法秩序と社会規範の分立をめぐる動きの実証的な論文であり，その歴史的法学的位置と意味をみごとに明らかにしている．遵法運動を近代主義者や伝統主義者などがどう意味づけたかなど大変興味深い分析である．その上でのことだが，統制経済や法と異なる親戚や恩顧者，知人等の関係による「違反行為」の評価については伝統主義者も近代主義者も否定的であるが，国家，資本から自立して生活をなし，防衛する社会の存在としての新しい評価が必要ではないかと考える．この点について特に感じたのは，そのことを提起した拙著『協同主義とポスト戦後システム』(有志舎，2018年）を上梓したばかりであるためかもしれない．

「第九章　昭和戦時期日本の国家財政と家計」は米山さんの論文である．国

家財政と家計をつなぐものが貯蓄奨励であることに注目して，そのメカニズムとして戦費支出による資金投下，インフレすなわち市場に金があふれ物質不足になる事態を強制ではなく防止するために貯蓄奨励が行われる．そこでは戦争によって豊かになる国民への，あるいは国民一般への国家の「懇願」のありようも析出される．「第十章　パーマネント報国と木炭パーマ」（飯田未希）も面白かった．贅沢などと禁止されたと思われているパーマネントが戦時中かえって増加していること．権力の側は「呼びかけ」程度だったが「当時の新聞」が「禁止命令」のように提示したとの指摘などである．

支配と抵抗，民衆は貧困状態にある，等々の認識枠が支配的であり，戦時に民衆も「上昇」し，権力が民衆に依存し多様に対応することなどを指摘しなければならなかった1970年代80年代（たとえば拙稿「1940年代の社会と政治体制」1988年．後に『戦時戦後体制論』岩波書店，1997年に収録）に比べると昔日の感が深い．上記各論文はそれらを実証的にも構造的にも鋭く豊かに展開されていることに敬意を表したい．

〔2〕内側に足場を置きながら一方通行にならず維新史をサクセスストーリーでなく見る方法の検討

（ブログ：2018年7月25日）

『歴史学研究』（2018年8月号）に後藤敦史氏が「異国船はなぜ来たか.」という論考を寄せられている．その趣旨は内側に足場を置く――一国史観は一方通行的になり明治維新をサクセスストーリーとして見てしまう．それを相対化するためには研究戦略として東アジア海域から見ることが考えられる．一度内側から離れて見るというものである．基本的に同意できるものである．

しかし，内側のあり方を変えないと結局一国史観に回収されてしまう可能性が大きい．それゆえ内側に足場を置きながら一方通行にならずサクセスストーリーを紡がない戦略，一国史観を内側から相対化するためには内側の主体のあり方を変えることである．つまりつくられつつあった一体としての日本人，一体としての日本ではない，現実に存在した多様な地域を主体とすることである．そのためにはそれら一体をつくってきた薩長史観，とベクトルは同一の反薩長史観，官軍史観と賊軍史観，の相対化である．NHKドラマの如く薩長と龍馬ががんばって立派な近代国家日本をつくったという，物語と，ベクトルは同一の自由民権，政党政治，青年将校運動などの反薩長史観の両方が補完し合いながら近代天皇制をつくり東アジアに被害を与え，自滅した．しかも両者とも責任をとらず，このまま同じ史観でいれば繰り返すことになるだろう．そこで薩長史観，反薩長史観，一体としての日本人，日本とは異なる現実の多様な地域を主体として立ち上げ，それぞれが「維新」を内にいながら外に見る，海域をそれぞれ見て，ときに連携する，ことをなすし，なしたであろう．

以上のようなことを当面，甲州，水戸，石見地域を例に詳しくは最近の拙著『協同主義とポスト戦後システム』（有志舎，第二章，216頁，257頁）などで述べているので，参照していただくと幸いである．

〔3〕世界史と同期する中国共産党

（ブログ：2018年8月26日）

三品英憲さんから『中国の国家体制をどうみるか――伝統と近代』（汲古書院，2017年）をいただいた．ここではそのなかの三品さんの論文「近現代中国の国家・社会間関係と民意――毛沢東期を中心に」にコメントをしたい．三品論文の30年代，40年代の中国共産党中央の少数の地主が大多数の小作を土地所有と現実で圧倒的に支配している，との農村認識が現実とギャップがあるのに，それを修正しないで基層幹部・党員の「階級的不純」に由来するものとして各過程で処理したことによって，操作性が高まり，その構造が中華人民共和国に連続していく，との分析は豊富な史料と理論展開とあいまって説得力がある．それを前提にした上で中国史にはまったく無知な者の思いついたことを書いておく．

その1つは，中央が上記農村認識を修正しない理由と背景についてである．逆にある戦略と認識があってその「認識」をつくったのでないか，つまり現実の自作農中心の農村秩序の破壊こそがその基本にあったのではないか．面白いのは基層幹部・党員たちもその秩序からの影響と規定を受けていることへの中央の不断の警戒は見事にそれを示しており，史料も示している．

上記破壊の方法も「群衆」をつくり今ある秩序を壊す方法である．この「群衆」を中央は知っていたかもしれないが，ギュスターヴ・ル・ボンの言う無定型で暗示で動く「群衆」に近いのではないか．そしてこの破壊はグライヒシャルトンクである．それは古いものであれ新しいものであれ，封建的なものであれ近代的なものであれ，自立性を有するものを破壊することである（雨宮昭一『戦時戦後体制論』岩波書店，1997年）．その意味では中国共産党は世界史と同期する現代性を共有していると思われる．“自作農中心の農村”の“自立性”の存在と契機と可能性，ドイツ，日本，ソ連など，ほかの場所ではグライヒシャルトンクの後があるが，中国でもポストグライヒシャルトンクなどを考える余地があると思われる．以上はあまりに中国の「伝統」に還元することへの違和感からのものでもある．

■〔4〕勉強し直す楽しさ

（ブログ：2018年11月15日）

筆者は自分が住んでいるところ，働いているところから問題を考え，それを研究の課題にしてきた．住み始めて12年になる小金井市も4年前に大学を退職して以来その課題を考えてきた．市の公民館の勉強会や講座のなかから「雨宮ゼミ」がつくられ，市における福祉，財政などを議論してきた．この1年ほどは市の近現代史を資料集やヒアリング資料を使って見てきた．その具体性，オリジナルな具体性はいつものとおりであるが，既存の既得のモデルや理論では説明できない．

①近世からの歴史を踏まえたこの地域の今後の展開，②近世以来のこの地域の生活の困難の解決の仕方と今後，③この地域の政治的社会的政策決定の困難さ，という課題を解明するためには，歴史を踏まえたオリジナルな蓄積を見てしまうと既存の既得の方法では困難であることが実感される．

現在，市域を対象とする「市民運動新聞」に連載の途中であるが，上記課題の解明のために改めて筆者の既存，既得のモデルや理論を勉強し直している．

①については，ポストベッドタウン論のこの地域へのくぐらし方，佐藤滋・早田宰編著『地域協働の科学』(成文堂，2005年)，中央大学社会科学研究所編『地域社会の構造と変容——多摩地域の総合研究』(中央大学出版部，1995年)，戸所隆『地域政策学入門』(古今書院，2000年)，柳瀬昇『熟議と討議の民主主義理論——直接民主制は代議制を乗り越えられるか（MINERVA人文・社会科学叢書)』(ミネルヴァ書房，2015年）等々たくさんの前に読んだり，買っておいた文献が筆者（雨宮）が現在考えている課題と方法（たとえば最初の本の佐藤滋論文の営利でも行政でもない社会力の議論，3番目の本の公私空間の止揚と共用空間創造などは，協同主義と深く響き合う）と新しい対話ができて楽しい．

②について，新旧住民の分断対立よりも農村の都市化，現在の都市の農村化という構造変化も入れて考えると，両者の連携，連帯こそが解明されるべき．

③については，熟議，政党論，ハーバーマス，ルーマン論争まで改めて戻って勉強し直している．地域のオリジナルな事態はオリジナルな方法を要請する．その2つを出会わせるために勉強し直すのは，つまり研究者が自らの次元を変えるのは，これまでと同様大変楽しい．

関連するが，最近ミネルヴァから出版された上下700頁に及ぶ小室直樹さんの評伝（村上篤直『評伝 小室直樹（上)（下)』ミネルヴァ書房，2018年）を一気に読んだ．大学院と田無寮で同じ時期を過ごした人であった．もちろん小室さんを中心にであるが当時の時代の知的状況も見事に再現されているすぐれた文献である．筆者はこの文献から当時同室だった医学部の学生だった人と50年ぶりに会えることになった．

■〔5〕送られてきた文献

（ブログ：2019年4月6日）

4月になったが，3月17日の報告と討論の余波が録音の電子資料で読んでいることもあってか，なかなか薄れない．この間，私の研究ノート「小金井市の近現代史から市の現状と課題を考える」の抜刷りと，それが掲載されている『地域総合研究』(第12号, 2019年3月), およびここ何年か, 私も参加した大原社研のメンバーたちとの戦後の日本社会党, および総評の書記局の20名の人たちのヒアリングを集めた五十嵐仁・木下真志・法政大学大原社会問題研究所共編『日本社会党・総評の軌跡と内実―― 20人のオーラル・ヒストリー』(旬報社, 2019年3月) が送られてきた.

前者 (私の研究ノート) を既に読んだ何人かの若い人からは, ここでの「下から, 基層, 地域から」との視点から「上から」との対抗を要求されている. しかし私は上下の対抗ではなく,「下の」動きを踏まえた自らの「上からの動き」のオルタナティブも出すべき, と言っているつもりである. またこの文献が「わかりやすい」と私の参加しているある都市の審議会にコピーして配布されたのは少しうれしかった. 後者は改めて読み始めたがヒアリングのときを思い出しつつ, 書記局の人たちであるがゆえに実質的な情報が豊かに表出されていて残る仕事だと思う.

〔6〕「個人的性愛」の「現実化」と協同主義

(ブログ:2021年2月1日)

私が研究員をしている法政大学大原社会問題研究所から『大原社会問題研究所雑誌』(748号, 2021年2月号) が届いた.「イギリス工業化社会における労働者階級家族と子供たち」を主題とする特集がくまれている. そのなかの「エンゲルス『起源』の「二つの生産」と労働者階級家族」という原伸子氏の論文に触発された論点を書いてみたい.

原氏の整理によるとエンゲルスは, 直接的な生命の生産と再生産の2つの生産があること. つまり家族における人間自身の生産と資本主義的生産があること.「所有」のあり方から, 来るべき社会において, 社会の大部分が社会的所有になるとき, 財産相続を幹とする家族の経済的根拠が消失し,「個人的性愛」などの「現実化」となる. 子供たちの養育や教育は公的な事項となる(前掲書, 7, 8, 9頁) と述べている.

ここでは特集では直接的には触れられていない「個人的性愛」の「現実化」を

考えたい．育児や子育てなど家族の役割の社会化は，エンゲルスの時代と異なり，福祉国家，女性労働の調達，女性の高学歴化などにより，資本主義の必要からの偏在性をもちながら進展してきている．このことはエンゲルスが述べた家族の経済的社会的根拠の喪失を意味するだろう．つまり「来るべき社会」の前に事態が進行しているのである．そしてその家族は主として一夫一婦制である．一夫一婦制の解体，相対化は未婚者の増大，ひきこもり，一人親家庭の増大，家族形態の多様化などとして現れている．

この事態は，当面，一人親女性などに困難をもたらしている．その解決は必要であることは言うまでもない．他方で一夫一婦制の相対化は，根拠が少なくなっているのに，それに従う無理から人々を開放している側面がある．その意味では制度から解放された個人の自由の増大という意味があるだろう．資本主義の論理などからのその自由の偏在をいかに普遍的にするかが，問われていると思われる．

その課題を全体主義でも自己責任論の自由主義でもない形で解こうとするとどのようなあり方があるか，の探求が必要と思う．それを互酬，再分配，市場，その担い手の社会的連帯経済，国家，市場の組合せによって解決せざるを得ないと思われる．以上に関わるモデルを，7年前の教職の退職以来，著書『協同主義とポスト戦後システム』(2018年)，本年3月に掲載される予定の「研究ノート」を含む2019年2本，20年4本の「研究ノート」で考えてきたが，それらを踏まえて上記の部分的に進行している「ポスト一夫一婦制」における，つまり「一夫一婦制」の解体，相対化の進行のもたらす課題とその解決を考えてみたい．

〔7〕いただいた本への短いコメント

（ブログ：2020年1月1日）

昨年12月30日に年賀状をパソコンで作成した．ソフトウェアが簡単に動かず，Q&Aなどを使いながらなんとかできて，予想外に達成感に満たされて驚いた．年末に近くいただいた本へのお礼は毎年年賀状でさせていただいてきた．以下はその一部である．

大谷基道『東京事務所の政治学』(勁草書房, 2019年).「地方の自立が進めば中央への依存が進む関係とそれをめぐる関係者の極めて具体的な動向を把握されたよいお仕事」

矢嶋光『芦田均と日本外交』(吉川弘文館, 2019年).「外交における戦前と戦後を具体的につないだアクロバティックで, しかし骨太なお仕事」

村井良太『佐藤栄作 (中公新書)』(中央公論新社, 2019年).「以下のことと, 対象の全肯定とは異なると思いますが, 資料などで「何がわかっているか」を実現した貴重なお仕事」

加藤陽子『天皇と軍隊の近代史』(勁草書房, 2019年).「小生は, ご本の190頁に関連しますが, 統帥権と関連した専門の論理と利益の論理との関連でも問題を考えてきましたが, 本書はより広く展開された貴重なお仕事」

■〔8〕格差, コミュニティ, 私的所有権

(ブログ：2017年7月28日)

この間いくつかの研究会に出席したが印象に残ったことに感想を書くことにする. 少し前になるが5月28日に本当に久しぶりに歴史学研究会大会現代史部会に参加した. それぞれの報告, コメントにたくさんのことを教えていただいたが, 1つは格差が偏差値的格差でとらえられていて, たとえば50年前, 25年前の格差の下での格差に苦しむ人の具体的な生活のあり方と比較して今の格差の意味を詰めることが必要と思った. 2つ目は再開発などにより解体されるさまざまなコミュニティの評価をより多面的に行う必要である. つまり一方的に被害者として見るのではなく, 次の新しいコミュニティへの条件として見ることでもある. これらの点については準備している本で詳しく触れる.

7月17日にユーラシア研究会によるロシア革命100周年の研究会に参加した. やはりたくさんのことを教えていただいた. 特に池田嘉郎さんの報告は面白かったが, そこで素人だから誤解しているかもしれないが, ロシア革命や現在まで続くロシアのあり方は西欧諸国のように私的所有権が根づかず利害調整ができないことにある, とのお話であった. 聞いていると何か運命的にそうで,

すべてをそれ，つまり社会に私的所有権がなくそれを基にする調整ができない，ことに還元するのか，またすべての地域はその私的所有権と調整をモデルとしてがんばるべきだという前からパターンは違うがある話になるのかと思った．その2つ以外で何を語るかが課題であるように感じた．ほかの報告では，シベリア出兵については私も今からずいぶん前に『近代日本の戦争指導』（吉川弘文館，1997年）で当時の研究では解明されていなかった撤兵過程も触れた．日本の出兵勢力の意図がロシア革命をつぶすことよりシベリアに「大緩衝国」をつくるなど日本の利権拡大にあったこと，それが撤兵のありようを多様に規定したことなどは既にそこで述べていたが，報告ではそれ以上のことが聞けなかったと思ったのは当方の聞く能力の減退の可能性がある．

■〔9〕第1回協同主義研究会

（ブログ：2019年3月18日）

昨日3月17日に第1回協同主義研究会が小金井市のマロンホールで行われた．私が「協同主義研究会の様々な課題と様々な立ち位置――ポスト戦後体制の模索期（1989～2019年）と内外の当事者性，メタへの責任，既成制度からの自立」について報告した．

30名ほどの会員のうち，18名の方が，九州，秋田，新潟などからも，そしていずれもまだ大小の「功成り名遂げた」と思って無自覚にそれに思考が拘束されない意味でも現実的にも若い人が多い集まりであった．報告1時間，討論2時間，で極めて本質的で深く先端的な議論が行われ，その後の懇親会でもそのまま議論が引き継がれた（報告の内容と議論は文字に起こして印刷される予定；本書第1章）．

協同主義を，内外，諸領域，諸時代に体系的に関わるものとして提起したこともあって，多面的な論点が挙がった．アトランダムに，闇経済と自主管理，社会の基層と政治，国家の間の各レベルにおけるヘゲモニー空間，オルタナティブ，中国における協同主義の契機，解釈改憲の程度の質的意味，70年代の地域計画の協同主義化，社会国民主義派の戦前，戦後の都市計画と新旧住民，協同主義の理念と課題と担い手——戦時と戦後とポスト戦後，秋田における協同主義と農協の歴史的位置等々．当然，報告者の4潮流論にも，ファシズムやマフィアの評価にも激しい指摘があった．その評価の基準が抽象的なデモクラシーではなく，その現場で生きていくためのオルタナティブを基準にすべきと，報告者は述べた．とにかく知的にも実に楽しい時間だった．また知らない人たちが知り合い，新しいネットワークのプラットホームにこの会がなっているのもいいなと思った．次回が楽しみである．

〔10〕2019年度歴史学研究会現代史部会
——55年体制，保革の越え方，68年，近代とポスト近代

（ブログ：2019年6月2日）

5月26日に久しぶりに歴史学研究会現代史部会に顔を出した．テーマは「平和運動を歴史化する——冷戦史の解釈枠組みを越えて」で，報告者は日本—神戸については黒川伊織さん，ドイツについては竹本真希子さんのお二人で，いずれも演繹的でない豊かな報告と議論であった．ここでは私の狭い関心とクロスした論点のみに触れる．

第一点は黒川さんの日本共産党の1955年体制論である．彼女は戦前から55年まで共産党は属地主義で党員は国籍を問わずその地で運動していた．しかし55年に属人主義となり他民族，他国民と分離して運動も「国民化」したという．私はかって55年体制を社会党統一，保守合同，共産党六全協を内容として成立したこと，そこでは改憲意図の挫折による保守の日本国憲法秩序への参入と，共産党の暴力的方法から合法的方法による変革への移行，すなわち日本国憲法秩序への参入がなされたことを述べた（『戦時戦後体制論』岩波書店，1997年，127頁）．この共産党の「属人主義化」と「日本国憲法秩序への参入」という2つの55年体制論は2つの側面と言うべきであるが，その連関と展開は興味あるところである．

第二点は黒川さんの神戸での運動内での違いを対立させなかったり，多様なエスニシティも含む主体の連携を豊かに紹介されている．これは私が「1950年

代社会論」で50年代には保守と革新があり，そのなかで社会においては革新勢力が保守革新の境界を越えた実践によって社会におけるイニシアティブを有したことを指摘した（前掲書，161頁）ことと響き合っているように感じる．実際，対立が存在しているその最中に，対立を越える実践抜きにはオルタナティブなクリエイティブな運動はありえないのだ．

第三点は89年と68年の問題である．黒川報告でも前者に触れているし，私もポスト冷戦とポスト戦後体制について触れてきた．後者68年については「運動が組織中心から個人中心へ」と言われるが，黒川さんはエスニシティも入れた「市民的ネットワークが展開した」ことを述べた．68年については，私は私の体験（当時大学院生）からも，関わってきた「総力戦体制論」からも，次のように考えてきた．つまり戦前戦時から展開する階級社会からシステム社会への移行のある画期として68年ごろがあり，システム社会への抗議とシステム社会を越えようとする運動として新しい社会運動が現れたこと．それが社会の「非物質的価値観」への移行と関連するとよく言われるが，私の同時代的実感では“非物質的支配”の強まりへの抗議であったように思う．いずれにしてもこの非物質的事態は高度成長の「成果」でもあり，日本人に物質的な豊かさをもたらしたことと無縁ではない．同時に上記のエスニシティなどの運動はアイデンティティに関わるが，それはある意味で“非物質的”であり，それゆえ“非物質的”な条件のなかで展開するのではないかと思われる．そして以上のような“68年”が89年を準備したと思われる．

第四点．コメントで米谷匡史さんが68年は「細分化，個別化して細かく分けて研究させるあり方への批判」と述べ，黒川さんが賛意を表し「自分は神戸ではたこつぼでなく広げている」と応じた．両者とも説得力がある．私も地域の多様な人々と調査や研究をしているが，まさにたこつぼではなく広げること以外にそれらはありえない．その上であるが，多様な人々と連携をするためには，自らの「専門性」という「近代」のあり方の媒介抜きには私の場合はありえない．「近代」を越えるとは一面では「近代」に徹しなければ不可能なのだろうか．

■〔11〕非利潤と非政府と協同主義

（ブログ：2019年7月24日）

2019年7月20日に戦時法研究会があり，大中有信「20世紀の例外状態と総力戦体制における日独法学——日本の民法学・財産法学のための覚書」，および岩井淳「京都学派と戦時体制」の充実した2報告があった．いずれも対象の時期のアクターについての詳しい説明がなされ多くのことをご教示いただいた．発言するつもりはなかったが，討論の最後のほうで促されて次のようなコメントをした．

戦時の学者，研究者，テクノクラートなどを研究する意味は何か．過去のもので，結果もわかったものとして「再現」したり「評価」したり「評論」したりして済むのか，を考えたい．そうすると1920年代から40年代という時代は，1つの転換期であること．大きく言えば，近代の転換期で普通の人々の生活の困難が当時の資本も国家も，そしてそれらの関係としての国際システムでは解決できない時期になったこと．

その解決をめぐって当時の学者，研究者，テクノクラートたちが必死に考えたものが社会主義，ナチズム，ファシズム，ニューディール等々であり，そのなかでの政策，学説，制度論，組織論等々である．これらは既に結果が出て終わったものとして扱われることが多い．終わったものなのか．

現在も普通の人々の生活の困難を資本も国家も国際システムも解決できない事態にある．戦前戦時の事態の螺旋的であるが再現出である．つまり課題は継続中である．そして人間の知はそれほど無限にあるものではない．それゆえぎりぎりまで考え抜いたそれぞれの内容をリスペクトをもって明らかにする必要がある．それは同時に，同じ「失敗」を繰り返さないためでもある．ある国，地域では現在カール・シュミットがフリーハンドで取り上げられていたりするからである．

当時は既存の資本や国家が不能であったから，いずれの人々もその意味で非資本，非国家から始めたが，結果は上記のように多様である．私はこれまでの私の本やブログでのように，非営利（NP），非政府（NG），協同主義的国際システム，を内容とする協同主義を少なくとも近代全体，さらに戦前戦時の知的営為から考えてきている．それは「レッセフェール」の自由主義でも共産主義やファシズムの全体主義でもない問題の解決の仕方を提起しているからである．

上記に関連して，最近，ソウル市やスペインなどの社会的連帯経済の研究会や書籍で勉強を始め，たくさんのことを学んでいるが，NG，NPだけでなくGとPも同時にデザインする必要が近代であるゆえに必要であることを痛感している（なお，協同主義については，雨宮昭一『協同主義とポスト戦後システム』（有志舎，2018年）を参照していただくと幸いである）．いずれにしても戦前戦時，特に戦時の研究は始まったばかりである．

■〔12〕政治史の豊かな展開

（ブログ：2019年12月28日）

12月15日の第5回協同主義研究会での「「協同主義とポスト戦後システム」再論――社会的連帯経済・再編福祉国家論・MMTと関連させて」と題する報告を終えてしばらくぼーっとしていたが，そのほかに参加した研究会で気がついたことを書く．

11月30日歴科協大会，12月7日同時代史学会大会に参加し，前者ではニコス・プーランザスに関する報告での「階級」の強調に対して，資本主義システムないし自由主義システムとして多様な主体の多数派形成をめぐるヘゲモニーを考えるべき，などと発言した．

後者については発言しなかったが，感じたことがあった．大門正克報告については，過去と現在の往復とか，経験による認識の変化などのそれ自体は生きる人間個人にとっても，研究者にとっても自明のことが全体の歴史の認識や構造にいかに関連するか，がコメンテーターの岩崎稔さんや源川真希さんから指摘された．大門さんはそれが今後の課題と応じた．

「日本政治史研究と「歴史表現」」と題するコメントにおいて源川さんが，90年代の戦前・戦時政治史，外交史の流れを，戦後歴史学，丸山政治学，実証的政治史を起点として，天皇制国家論，ファシズム論争などを経ての現状を一覧表にして見事に整理された．そして今は戦時のなかの議会や市場の「合理性」を評価する「実証主義」的政治史が主流になっていると論じる．

この整理は多くのことを触発させてくれる．第一には政治史にもっと多様な展開があったのではないか，第二にはそれと関連してその展開によって「実証的政治史」の前提がつくられていて，それらを考えると今後もう少し異なった展開が見られるのではないか．

第一の点については，源川コメントでは取り上げられていないが，80年代，90年代に新しく形成され，展開された政治社会史，地域政治史，都市政治史，農村政治史などである．そこでは小作農民や労働者，雑業層の自己認識や行動と政治過程のトップレベルの動きを立体的にとらえたものである．この点で言えば源川コメントの資料⑥での「実証的政治史」の坂本一登氏の「政治という活動に携わるのは，概して少数の指導的人物であり，政治史は必然的にエリートの歴史となり，社会の大部分やエリート以外の人間の営みを視野から落としてしまう」が「重要な歴史の一分野であることは動かない」と述べるが，上記の政治社会史，都市政治史などはその二項対立を方法的，実証的に具体的に克服したのである．その多様な展開については，たとえば，中村元『近現代日本の都市形成と「デモクラシー」―― 20世紀前期／八王子市から考える』（吉田書店，2018年）の研究史整理などがある．

第二の点については，戦時における議会や市場の「平時」的あり方については，戦時と戦後の連続性を指摘した総力戦体制論などがその認識のパラダイムを形成したことは間違いないだろう．さらにそれと関連する潮流論などにより，たとえば「市場」や「議会」や「政党」にインタレストをもつ戦時期でも有力な潮流の指摘などが既にある．たとえば源川コメントで実証的政治史の例として挙げられている米山忠寛『昭和立憲制の再建』（千倉書房，2015年）の研究史部分も関連している．その文献に正面から向かって的確な書評が有馬学氏によって行われている（『大原社会問題研究所雑誌』735号，2020年1月）が，そのなかの政治勢力の「闘争」か併存か，戦時戦後の連続か断絶か，終戦過程における政党勢力の位置づけ，翼賛選挙の評価などの論点は，上記の第一，第二の論点と関連させれば一層生産的，創造的に展開させることができると思われる．

■〔13〕消費税プラス「反緊縮」？

（ブログ：2020年2月5日）

昨日4日，「ひとびとの経済政策研究会」などで知られている松尾匡立命館大学教授のヒアリング調査に参加した．友人の大嶽秀夫氏および木寺元明大教授の誘いであった．

二人からは現在の政党研究の一環としてれいわ新選組との関係が聞かれた．松尾さんからは山本太郎代表と経済政策を主とした連携が話された．これらについては，やがて文字に起こされて発表される予定なので，ここでは私の関心に関連したことを書く．

いくつか興味深いことがあるが，1つ目はMMTとの関連である．私はMMTと協同主義との関連を昨年12月15日の協同主義研究会で報告するために調べたときには，松尾さんたちとMMTはほとんど同じものと思っていた．基本的には，不況のときはケインズ主義政策で，完全雇用になったら新古典派の政策に帰結するサミュエルソンの新古典派総合に帰結するとしていると．松尾さんはMMT理論とは自分たちは政策もモデルも違うと話された．

2つ目は，消費税を廃止ないし5パーセントまで戻すことを主張されてきたことをめぐってである．松尾さんは「リベラル」のなかでもそれをめぐって対立があることを話された．私は上記の報告で，ネオリベラルと権威主義でない方向性のためには，消費税は20パーセント近くにしてセーフティネットの基盤をステーブルにして，かつ「反緊縮」と「緊縮」を自覚的に操作することが，つまり消費税と反緊縮は共存できるのではないか，としたことを話した．松尾さんは左派ポピュリズムに肯定的立場から反消費税，反緊縮，を話された．

3つ目はそれとも関連するが，井出英策氏の主張との違いである．松尾さんは消費税増税分をすべて福祉に回すこと．借金返済にしてならない，との主張は評価できるが，哲学が異なる．井出さんは社会を対等な市民の共同体とするが，松尾さんは構造的に不平等な社会であり，それが階級の問題だと話された．これは2カ月前のブログ:「雨宮昭一の個人研究室」(2019年12月28日）で，プーランザスに関わる階級に対して私は，資本主義システムとして多数派形成を考えるべき，といったことと関連すると思った．

たくさん考えることが多い有益な機会を与えていただいた松尾さん，大嶽さん，木寺さんに感謝します．

京都駅から会場の京大正門前までバスで行ったが，かなり長い道で，京都がいかにスモールビジネスが多いか実感できた．スモールビジネスは豊かな多様性を支えると思われる．東京でも地方都市でもスモールビジネスがほとんどなくなりチェーンストアが多くなっていることと比較できるような気がした．

■〔14〕可変性のうちに主体的に再構成を

（ブログ：2020年7月20日）

この間，オンライン研究会が続いている．5月31日，6月20日の協同主義研究会では司会を務め，7月4日の戦時法研究会では報告を行ったが，いずれも10人から20人の小規模のものであった．昨日7月19日の歴史学研究会総合部会例会は270名の参加者で行われた．私も50年以上前にこの部会担当委員であったが，そのときの例会参加者はせいぜい20人ぐらいであった．

「スポーツの歴史学――現在と未来」をテーマとして，報告者は，坂上康博さん「三つの東京オリンピック」，高崎航さん「東アジアとオリンピック」，討論者は小原淳さんである．詳しいことは研究会から説明されるので省略するが，3人に共通して言えることは，オリンピックなどのスポーツイヴェントには，帝国主義，ナショナリズムなどの側面とそれを超える側面があることに注目していることである．その両側面を踏まえていかなるものを再現出，あるいは新現出させるかである．

この点に関しては，私は若年の1980年代に「反対勢力の動向がビルトインされているような体制の下での，体制，反体制の，単なる対抗や抵抗でない具体的なあり方をどのように考えるか」が「現段階の」研究の課題であること．1870年代から80年代に社会の主流であった「民権派がこれまでの民主主義も，帝国主義も，そしてその両者をビルトインしている体制諸要素も可変性のうちに主体的に再構成をして，さらに内外の民主主義を現実的にどのように発展させるかを，同時代の対抗の民主主義的歩留りも含む具体的条件のなかで明らかにすることである」．「問題はその対抗のあり方を民主主義の側からどのように再構成するかであるからである」（雨宮昭一『戦後の越え方』日本経済評論社，2013年，59頁）．

以上の課題は1980年代から現在まで私の課題であるが，それにとっても今回の報告討論は有益な内容であった．そして確かに対象の単純な批判でも，問題点の指摘でも，さらに肯定的な側面の指摘でも不十分で，再構成，「可変性のうちに主体的に再構成」し新たなものを現出することが求められている．そのためには，1次元上がった方法，想像力，構成力が求められていると思われる．

〔15〕歴史学研究会のズーム研究会に参加して

（ブログ：2020年12月7日）

この間歴史学研究会のいくつかのズーム研究会に参加したので，まったくの個人的感想を書いておきたい．

歴史学研究会合同部会（11月29日）では，従来の中央集権的主権国家としての近世国家は実は水平的に多様な要素を含む国家であり，帝国であることを日本史，東洋史，西洋史から考えようとした．これまでの理念型の相対化であるが，同時にそれを踏まえた新たな理念型形成過程でもなければならないと感じた．同全体会（12月5日）では「自己責任」という構造のなかで「剝出しの個人」として現れる「生きづらさ」をめぐってであるが，それに対応するためには構造を可変性のもとに見て，市場でも国家でもない公共圏を考えるとき，協同主義が重要だとしきりに思っていた．

同近代史部会では，たとえば障害をもった児童をどのようにサポートするかをめぐって，ドイツでは17，18世紀にプロテスタント系の教会を中心にその児童たちに人のために何かができる能力をつけることを行ったが，しかしそれは客観的な経済性や「有用性」では決して判断せず，本人が意義ある生活をできることを感ずればいい，としたという．19，20世紀になるとそれらは労働の能力を付与する基準となるという．手段としての障碍者の生き方の基準でない，本人の生き方を基準とするあり方は，宗教以外にもどのようにあるか，をしきりに考えた．これも協同主義との深い関連があると思っている．

同現代史部会（12月6日午後）では，冷戦期における中絶や避妊をめぐる議論であった．私は日本が「実験場」との議論に，1つは実験する主体と観察する主体を分離すること，また，両主体は多様であるはずだということと，2つ目はそれとの関連で戦前戦時の特に戦前のサンガー夫人と無産系や女性の運動はどうであったか，を質問した．

今準備している研究ノートは「4潮流論から協同主義研究へ」というテーマであるが，それにも随分考える契機を与えてくれた研究会であった．設定された歴史学研究会の委員の方をはじめ，関係されたたくさんの方々に感謝申し上げたい．

■〔16〕3つのオンライン研究会

（ブログ：2021年3月10日）

3月6日土曜日は，早稲田大学ナショナリズム・エスニシティ研究所WINE研究会，戦時法研究会，天川ゼミナール・ガバナンス研究会の3つのオンライン研究会に参加した．早稲田大学のものは貴堂嘉之さんのアメリカナショナリズムはシビックナショナリズム，エスノナショナリズムとされてきたが，奴隷制度と移民制度を基礎に置くレイシャルナショナリズムとするべき，との報告に対してコメンテーターの小沢弘明さんはアメリカ史の世界史化を提起し，移民国家はアメリカだけでなく欧州やアジアなど世界中にあり，そして移民国家に関わる分断やレイシズムは，労働力との関連で資本，経済の問題として対処すべきとした．

私は分断，レイシズムなどを指摘し定義するだけでなく，改善，解決するためには小沢コメントのように資本や経済の側面に広げる必要があると思う．その場合に，第一にはアメリカにおけるその改善や解決はアメリカだけに閉じ込めないで，欧州，アジアなどでの改善，解決の実践，萌芽などを見る必要があること，第二に，資本主義の問題であるが，社会主義でも分断，レイシズムなどが「解決」されないとすれば，資本主義でも社会主義でもないあり方を考えることが必要と思われる．

戦時法研究会での「森と尊厳」に関する服部寛さん，ワイマール憲法48条についての遠藤泰弘さんの報告があった．後者の国家緊急権は革命の成就のためにも，反革命の実現のためにもなることを改めて再認識した．前者についてはキリスト教文化のなかの人間，つまり自然も含めてすべて神がつくったとすれば神のみに依存する．それに対して自然諸物に神が宿っているとするアニミズムにおける人間とは何か，それが天皇制にも関わり，人間の平等などはいかに考えられるかなどが課題だと思った．

天川ゼミナール，ガバメント研究会では今回のアメリカ大統領選挙を羽賀さんがアメリカの留学経験や研究から詳しく報告された．私は選挙前後におけるポスト・トゥルースに関連して，「事実」と異なることも知っていても直さないのは，それが「受ける」，それを聞きたがる人々がいるからであること，したがって，たとえば苦境にある白人労働者の苦境をいかに改善，解決するかの探求が必要と思うと話した．

3つとも充実した研究会であった．それに同日に参加することなどはコロナ禍の前にはありえない．疲労したが楽しかった．

■〔17〕ポスト「住宅都市」と「伝統社会」

（ブログ：2021年7月7日）

本年3月に出版された「和泉市の歴史」第8巻『和泉市の近現代』を先月和泉市からいただいた．執筆者などの広川禎秀，佐賀朝，塚田孝，高岡裕之さんは，学会などで交流してきた人たちである．

500頁にわたる大著である．和泉市域が農業社会から工業化が開発事業としてなされ，やがて大阪市近郊の「住宅都市」として現代にいたる過程を，江戸時代以来持続する「伝統的社会」との関連，すなわち高度成長期以後の再開発事業などで，それが「最終的に」「解体」し，「都市社会」が完成する過程を詳細に叙述している，特色がある，かつ説得力のある内容である．

その上で，その到達点とその後について，コメントをする．私が住んでいる小金井市，審議会の委員をしている日野市などを見るといずれも時期的内容的にずれがあるが，近代初期からの農業社会，それに工業化が加わった，農業と工業の地域，次に工業と住宅の地域，やがて住宅都市，となってきている．

そして現在，そのベッドタウンが転換期にある．すなわち少子高齢化，産業構造の変化，グローバル化などによって，職と住，育，介護，楽などとの分離，特に職と住の分離というシステムが作動しなくなっている．わかりやすく言えば中心都市に通勤して，眠る都市に税金を払うということが上記の要因で，その通勤者がベッドタウン都市の福祉の対象になることなどである．

その問題をどうするか，つまりポストベッドタウシステムをどうするかがせまられている．それは端的にいえば，職，住，育，楽，介護などの，特に職と住の再接合，再統合である．つまり職と住などが分離する前に戻る，しかも分離以降の豊かな蓄積をふまえた戻りであり，それゆえ，再接合，再統合である．その意味で「伝統的社会」が解体して「都市社会」になるとの線型的把握と同時に，「解体」でなくバージョンアップした再生――バージョンアップした循環過程として把握することも必要であろう．たくさんのことを考える材料を与えてくれる文献である（なお，ポストベッドタウンシステムについては，私の最近の二つの単著，および近く出版する単著でふれている）．

■〔18〕戦後憲法学の群像と戦後体制の形成・展開・動揺・ポスト戦後体制

（ブログ：2021年7月8日）

編者の鈴木敦，出口雄一さんから『「戦後憲法学」の群像』弘文堂，2021年をいただいた．戦後の憲法学を，それぞれを戦後第一世代から第五世代として，啓蒙の憲法学，抵抗の憲法学，制度の憲法学，その後の「護憲」などにニュートラルな憲法学，と区分する．次にその担い手として東大，京大のほかに他の公立大学，私学の憲法研究者の理論活動を丁寧に明らかにする．さらに日本国憲法の舞台の「主戦場」たる「平和主義」「九条」をめぐる学知のコンステレーションと推移が明らかにされる．

以上を通して本書のフレーズの「「憲法学者」とは何だったか，これから何であり得るか」を考えるための憲法学の学知の多様性を歴史的に多角的に明らかにすることに成功している．

そこで「それから何であり得るか」をさらに明らかにするために，本文献の課題を成功させた法制史という法学と，政治学，歴史学との関連で考えてみよう．まず，上記の啓蒙から抵抗への契機として，日本国民の日本国憲法の選び直しの意思を示した1955年の総選挙，その結果による自民党の改憲意図の挫折，共産党の六全協による暴力による変革の否定，で，憲法秩序への参入，および改憲阻止でまとまった社会党統一の3つにより構成される55年政治体制と日本国憲法体制の同時成立があったことが明らかにされている（同書4頁，33頁，なお拙著『戦時戦後体制論』127頁）．つまり戦後体制の形成と憲法学の学知のあり方が明らかにされたのである．

さらに制度論的学知から次の段階への移行は，戦後を持続させている最も有力な力は，国際体制における戦勝国システムであり，それを前提とする冷戦体制の終わりと関連しているとされる（同書44頁，なお拙著『占領と改革』iii頁）．つまりポスト戦後体制への移行である．以上から見えることは，「これから何であり得るか」を解明するために，ポスト戦後体制――システムの政治学，歴史学などによる究明と，法学による憲法学の学知の究明とのリンケージが重要であることがわかる．なお個人的には，共産党六全協による憲法秩序への参入と自民党の改憲意図の55年における挫折による憲法秩序への参入を55年体制，憲法体制，ひいては戦後体制形成の不可欠の契機とした私の議論および国際体制の動揺によるポスト戦後体制への移行とした私の議論が位置づけられているのは印象的であった．なお，私は自由主義と協同主義の関連を軸にしてポスト戦後体制――システムを考えているが，それと憲法の学知を関連させてみたいと思っている．

■〔19〕「西洋法制」の場に限定して済むか．天皇機関説事件

（ブログ：2021年7月19日）

一昨日7月17日に戦時法研究会がLINEで行われた．米山忠寛さんが天皇機関説事件について，美濃部達吉の「圧勝」，日本の政党政治に貢献した，などのこれまでの「通説」やイメージと異なる報告をされた．「論争」において美濃部を批判する側の論理や態度を正確に読むと，機関説のみで済まない日本の立憲制を，美濃部を批判する側がおさえており，そこに批判する側の「自信」の根拠があるとし，それは美濃部が憲法よりも行政法の専門家であること，などに起因する，つまり行政としては機関説は成立，完結するが，機関説を超える国家の正統性に関わる国家理論としては機能しない，とする．

この問題に対し，水林彪さんが，法学は特別で明治憲法の2つの側面，すなわち，西洋法制と共通する部分と「国体」に関連する，それと異なる部分があり，法学者美濃部は前者にもっぱら依って議論していると整理した．会員から，だから現在の憲法学者も論争はその視点から「圧勝」した，と評価していることが紹介された．

行政学者だから，法学者だからという議論は，法学業界にとっても，それ以外の学問業界にとっても相対化されねばならない．問題は，「西洋法制」か，それ以外か，という二項対立の克服である．憲法は言うまでもなく，共通性をもちつつ，それぞれの国家や地域の事情や時期により多様であることは自明であろう．それを2つに分けてそれぞれを主張するのではなく，両者の混合をそれ自体として把握し，少し規範的に言えば，その「憲法システム」が，戦前，現在でも，自由主義，資本主義の行詰りを，ファシズムでも全体主義でもないかたちでいかに展開していくか，を考えることである．戦前で言えば，機関説による美濃部は「法学的」「西洋法制」論的には「完勝」したかもしれないが，「憲法システム」の不可欠な，本質的な，かつ実質的な部分である歴史的政治的な部分では“完敗”している．美濃部を批判した「それ以外」の部分も戦争以外の有効な打開策を生み出せなかった．こうした意味でも最近の戦時期研究や，それに関連する米山さんたちの研究は，新たな研究段階を示していると思われる．

4 ポスト戦後システムの今——コロナ禍，菅政権

■〔1〕今度の選挙の争点は戦後体制の越え方

（ブログ：2017年10月3日）

争点は，日本国憲法，その憲法に規制された安全保障，必ずしも新自由主義的でない社会保障，外国人との共生などを要素とする戦後体制をどうするかである．

安倍自民党も小池希望の党も改憲，憲法に規制されない軍事的安保，新自由主義，日本ファーストなどで戦後体制を越えようとしており，小池のほうが過激であるが越え方としては同じである．それに対して立憲民主党や共産党，社民党などはニュアンスは異なるが戦後体制を壊さずそれを基盤に戦後体制を越えようとしていると言ってよい（戦後体制の越え方については，雨宮昭一『戦後の越え方——歴史・地域・政治・思考』日本経済評論社，2013年）．

このようなこれからの国民や国家の将来を決める大事な選挙で，安倍か小池かのようなところに争点があるわけではない．

■〔2〕戦後体制の最悪の越え方——超え方の大連立——政権交代が争点ではない

（ブログ：2017年9月30日）

この数日間の政治の動きは激しい．小池百合子氏の主張には賛成できないが，まさに見事な政治というアートをあやつる卓越したアーティストである．このまま進むと自民党が辛勝するにしろ，希望の党が大量進出などいずれにしても考えられるのは，改憲，新自由主義など，私の言ってきた戦後体制の越え方パート1の大連立——維新の会や日本の心なども入った——が形成され一挙に推進されそうなことである．問題の焦点は，安倍か小池の政権交代ではないのである．

この事態を見据えてそれをいかにチェックするか，相対化するかをパート1に行くことを是としない者は，考えて行動したり，報道の仕方や視点を自覚的に考えるべきではないかと，マスメディアに勤める友人に話した．

■〔3〕唯武器論と朝鮮問題

（ブログ：2018年2月7日）

唯武器論とは，1933年に毛沢東が『持久戦論』（外文出版社）という著作のなかで述べたものである．戦争の勝敗は武器のみによって決まらない．決めるのは物ではなく人である．持久戦争になれば敵の武器も消耗したり士気がなくなったり，国内での厭戦，国際世論の非難などの武器以外の要因で勝敗が決まる．それを考えない思考を唯武器論と言っている．

今の北朝鮮核兵器をめぐるあり方は，アメリカも北朝鮮も両方ともこの唯武器論で動いているように思われる．

確かに武器以外のソフトが武器大国である相手以上であった日中戦争時の中国，ベトナム戦争のときのベトナムなどは勝利した．しかし必ずしもそうでなかったイラク戦争，リビア戦争のときは武器大国が勝利した．後者の場合はその上に報復攻撃する武器をもたなかったがゆえに攻撃されたのである．北朝鮮は微妙である．一定のソフトを使用しつつ上記の武器をもつに至っている．ある意味では稀有な唯武器論による均衡，危うい均衡に至っていると言ってよい．つまり日中戦争ともベトナム戦争とも，イラク戦争ともリビア戦争とも異なって，もし戦争になれば広い範囲の核兵器戦争になるだろう．

今までと異なる唯武器論の克服が要請される．つまり，この段階と特徴に即した武器を使わずに，人，士気，厭戦，国際世論などを通しての解決である．

■〔4〕「戦後レジームからの脱却」と沖縄

（ブログ：2018年2月9日）

2月8日，戦後体制研究会の研究例会があった．自民党衆議院議員で宏池会の国場幸之助さんのインタビューが行われた．沖縄の保守ゆえの特徴で，かつその課題の複雑性や先端性ゆえに，保守そのものの先端的普遍性に連なることを感じた.

特に印象的であったのは,「沖縄メディアを抱擁するのが沖縄保守」と言われたことである. これは基地問題などに批判的で百田氏等からつぶすべきと言われるメディアである. さらに「ぶあつい保守の会」をつくり自民党安倍一強体制と異なる若手の勉強会をつくり活動したことである.

さらに, 安倍首相が「戦後体制からの脱却」と言うなら, 沖縄の置かれた状態からの脱却も入らなければならない, との主張である. 確かに沖縄の置かれた状態は戦後体制の不可欠な一環である. しかも興味深いのは, その沖縄問題の解決に力を入れたのは戦後体制の政治における主役と言ってよい田中角栄派や宏池会の政治家たちであった. つまり戦後体制を維持しつつ戦後体制を越えるか, 脱却によって越えるか, そして各々可能性が検討されなければならないと思われる. 後者については, 脱却派は戦後体制の所産であり不可欠の一環である沖縄問題は「脱却」しない状態である. 前者はまだ可能性は残っていると思われる. たいへん新しい知見を与えられたインタビューであった.

国場さんの話を聞いて自由主義と協同主義を横軸に第一の国体と第二の国体を縦軸にして現在日本の政治や社会の諸潮流を考えると, 第二の国体と自由主義と協同主義の混合の象限が非常に生き生きとイメージできた. さらに付け加えると, 沖縄と本土という比較の仕方と異なって, たとえば中央や大都市を介さない比較, たとえば沖縄と甲州の比較, 中世, 近世ではみんな違うしそれぞれが外交権も含む自立性をもっていたのは共通である (この比較の仕方, 戦後の超え方――越え方とこの諸潮流の詳細については, 3月に上梓される『協同主義とポスト戦後システム』(有志舍) を参照).

■〔5〕「一強」の今とこれから

(ブログ：2019年5月29日)

最近テレビで古賀誠氏が「安倍首相の後任は菅官房長官が適任である」と述べたのを聞いた (8日BS日本テレビ). 彼は岸田派宏池会の名誉会長であるが, 岸田氏が今首相になれば大変苦労する, と述べている. 菅氏は土のにおいのする点で今の自民党に要請される資質をもっているとも述べている．これらに関して感想を書いておく．

調べてみると菅氏は秋田県の精農で生産組合などを大事にする父親のもと，叔母，姉妹などが地域の教育者になっている家庭で育ち，自分の力で大学を卒業した．その後代議士の秘書，横浜市議などを経て衆議院議員となった．この過程で小渕派―古賀派―無派閥となり，梶山静六氏を師とした．梶山氏については筆者が1970年代に辻清明先生たちと茨城県議会史執筆のためヒアリングを行い，そのリアリティ，識見，決断力，戦争に対する批判などに驚いたことがある．そして菅氏は田中派，宏池会の流れにも関わりがあることになる．さらに安倍4選，5選を公言し，菅氏を安倍後任に押す二階俊博自民党幹事長やその派閥も田中派の流れを継承しているように見え，対外関係，国内問題についても安倍首相たちとは対立するわけではないが必ずしも同一ではない．

こうしてみると安倍首相や菅氏を支持する要人たちがその経歴からも同一でなく多様な考えを有していることがわかる．一強とよく言われるが，それは異なる考えをもった多様な人々とグループの多様な思惑の均衡のなかのものであることがわかる．したがってまた菅氏が後任になったら田中派，宏池会，梶山静六，安倍氏的なものなどさまざまな要素が顕在化するのは自明であろう．古賀氏や二階氏はかくして菅氏を自立化させる．これら全体を見ると，そこに戦後自民党の豊かな歴史的厚みを見ることができるだろう．なお，岸田氏が後任になった場合に苦労すると古賀氏が言ったのは，安倍的な勢力に押されて岸田氏の考えていることがほとんどできない，と考えているように思える．菅氏の場合は安倍的なものをコントロールできる可能性を見ていると思われる．

〔6〕歴史的不見識
――最高裁の2つの「不正規労働」判決および学術会議候補排除

（ブログ：2020年10月14日）

本月13日に最高裁は，正規労働者と契約社員等の不正規労働者は労働が違うので，待遇に格差があるのは当然との2つの判決を出した．この判断には驚いている．株主の利益のためには，労働者を安価に使うために分断しまくる新自由主義のほとんど直接的なお先棒担ぎをしていると言ってよい．しかしその新自由主義が行詰りを見せ始め，最近では安倍内閣でさえ「同一労働同一賃金」を言い始め，経済界も対応し始めている．さまざまな分野で分断と格差を少なくしなければ，今の段階の資本主義の現実的で豊かな発展はないことの表現である．既に働く人の4割以上が「非正規」になって，やがて半数に至ろうとしている．戦前戦時のように国内では分断と格差政策で安価な労働と社会をつくり，当然起きる反対の事態を，国外に転化して「解決」することができなくなっているとすれば，国内で格差と分断の克服を，あるいは相対的な再分配を強化する以外にないのである．

働く側からも，これまでの「正規社員」にみんながなればいい，というわけではない．さまざまな働き方，多様な働き方が求められる段階にある．そこでは「正規」と「不正規」の分断と格差の固定と拡大ではなく「正規」と「不正規」の区別を制度的になくすことである．

このような全体として現実的に豊かな展開にある事態を見ると，この最高裁の2つの判決がいかに浅く，不見識極まるかが理解されよう．

不見識と言えば，この間の学術会議推薦6名の排除の問題である．私は6名の方全員はご存知ないが，私の専門である政治学，歴史学に関連する宇野重規さん，加藤陽子さんは学問内容も含めて直接的にも間接的にもよく知っている．宇野さんは国内外の知見を蓄え，日本の将来についても広く長い視野で提起できる力をもっている研究者である．加藤陽子さんは日本近代史の政治，軍事，政治家，軍部，国民を研究され，日本の「失敗」を鋭く，リアルに表現されている研究者である．ご両人とも建設的提起をなされ，ときに政府の政策にも研究に基づいて意見を表明している．先に述べたように現在は新しいシステムへの移行期である．そのときは多様な意見や動きに干渉せず，排除，抑圧せず，ともに政策や制度をつくることが豊かな将来を迎えることになろう．たとえば下からの格差是正の動きや，学術会議の非軍事的表明も明らかに日本の将来の国際的あり方にもプラスの1つの重要な契機であろう．その点で，当座のお先棒担ぎばかりしかいなくなるような事態を生じることを推進するような，この度の2つの「決定」は，歴史的不見識である．

〔7〕菅政権の性格

（ブログ：2020年11月20日）

11月17日に，ある研究者からインターネット上の内田樹さんの最近の評論を紹介されて，それへのコメントを求められた．それにお応えしたものに少し手を加えたものを書くことにする．

○○先生

メールをありがとうございます．なかなか読ませますね．人事局，小選挙区制，学術会議で官僚，政党人，学者の自立性を奪い，独裁国家，株式会社国家をつくることを自己目的化したのが菅政権との断言は痛快ですね．しかし，最近多くの論者が「真正保守」「真正伝統」の立ち位置をとって，評論をしていますが，ある意味ではそれらの無効の上に上記の事態が展開進行しているのですから，それを踏まえた「保守」「伝統」の把握の仕方の見直しとバージョンアップがなければ，客観的には単なる「嘆き」，あるいは無力な「反動」になりかねないと思います．

たぶん，日本も世界的な戦後システムの移行期にあり，上記の「国家」のあり方は，目的ではなく移行するための手段の1つの形態だと思われます．しかも多くの国ではポピュリズムとして従来の政党の外部から強くかつ全面的に作用しているのに対して，日本の場合は従来の政党と政治の内部でかつ部分的に進行していますね．つまり従来の政治や運動，制度の要素，必ずしも新自由主義的でない要素も多分に多様に存在しつつ移行している状況と過程と段階だと思われます．田中派的要素，梶山静六的要素，公明党，自民党から共産党までの超党派の議員連盟（会長田村厚相）によるワーカーズコレクティブ法案の作成完成等々は，自由主義というよりは協同主義的要素や側面と言ってよいと思います．つまり新自由主義的力も含め，それ以外の多様な諸力の総合として菅政権はあると思います．

したがって，超越的に一面一要素に還元して論ずるのではなく，多様に介入する契機と必要が，客観的にあるもの，こととして見る必要があると思います．私の最近の著書やブログで述べているように，歴史的に形成され，現に存在している協同主義と自由主義のこの移行期にふさわしい，持続可能な適切な関係と割合をもつ内外にわたるポスト戦後システムの形成のために各領域各分野における検討と提案と介入が必要で可能だと思われます．すみません，すっきりしなくて．当面私はそんなことを考えています．

雨宮昭一

■〔8〕対パンデミック，オーバーシュート「非常事態体制」を

（ブログ：2020年4月6日）

強風なのに桜の花が断じて散らないのに驚いたりしているが，この数日の新型コロナウイルス感染者の急増にも驚いている．しかも検査が不十分なのでさらに感染者は多いはずである．

それゆえに日本全体としては感染爆発＝オーバーシュートを遅らせるためにすぐに「非常事態体制」をつくるべきである．その後悪化しないならばレベルを下げていけばよい．既に事態は細菌学と経済学の段階から政治学，さらには行政学の段階に入っている．

言うまでもなく現在起きていることは，グローバル化の不均等展開の結果である．つまり市場経済のみによるグローバル化が突出しており，それが生み出す人々の健康，福祉，医療も含む非営利領域は追いついていない．その追いつく過程を経てこの段階のグローバル化は仕上がる．その過程は排除あるいは軽視，無視されてきた国家や非営利領域の再登場とそれらによる「非常事態体制」という“後戻り”を通して前に進む．

政治のあり方もカール・シュミットの「非常事態における決断」としては共通しつつも「やつは敵だ．敵を殺せ」の意味をもつ人間の友敵関係としての政治とは異なる「友」と「敵」の向こうの人間の共生と共存のための決断である．パンデミックやオーバーシュートを遅らせる密接と移動の禁止強制とそれを保障する諸領域のコーディネートを行う政治は人間の友敵関係ではなく共生の条件づくりである．

そしてその方法も，全体主義的でも自由主義的でもないものが要請されるし，可能である．それは民主主義の主体，制度，手続きを十全に保持しての立憲的独裁である（内外の非営利領域に関わる協同主義や立憲的独裁に関しては『地域総合研究』（13号，2020年3月）に載せた「研究ノート」（本書第1章）および本書補章第1節を参照）．

〔9〕「非常事態体制」が促進することについて

（ブログ：2020年4月7日）

コロナウイルス対応は市場経済のみのその意味で“過剰な”グローバル化への市場経済以外の要素への“後戻り”の側面もあるが，歴史のなかの，全面にわたる「非常事態体制」と共通するこれまでの課題の強制的，ある意味では暴力的促進を行う側面もあろう．

送られてきた獨協大学地域総合研究所『地域総合研究』（13号，2020年3月）で，倉橋透所長は「地域総合研究所と新機軸」と題する巻頭言で，2007年に創設された研究所でポストベッドタウン研究から倉橋所長時には「人口減少時代の大都市近郊地域における「地域モデル」の構築」に展開していること，それは人口減少，高齢化，インフラの再構成，IOTの集約，保育，医療，介護の提供などの課題として表れていることを指摘されている．さらに注目されるのは次の指摘である．

新型コロナウイルス感染症対策として，テレワークが推奨され，実際急速に進行している．この傾向が収束後も続けば都心への距離は意味を減じる．一方で，テレワークを支えるインフラ（通信インフラ，ワークスペースの確保，子供の保育のシステムなど）の整備が必要になる．このような今日的課題の発見，展望が重要との指摘である．

2007年当時，職住の時間的空間的社会的な分離を特徴とするベッドタウンシステムが揺らいでいる．そこで次のシステムを，内外循環すなわちグローバル，ナショナル，ローカル循環と結びついた職住の再統合，再接合のシステムとしてのポストベッドタウンシステムを考えた（雨宮『戦後の越え方――歴史・

地域・政治・思考』日本経済評論社, 2013年, 177～183頁). そのときはソーホーなどにも触れているが, 抽象的であった.

それが13年後の今, 倉橋所長が指摘するように新型コロナウイルス感染症対策としてのテレワークの現実化, 筆者の子どもや卒業生たちが知らせてくれる「在宅ワーク」の全面化として, 情報化を自明に職住の再接合が行われていることに驚く. つまり「ポストベッドタウンシステム」の最も重要な契機の現実的進行である. このたびの「非常事態体制」がこのように1つの解を, すなわち課題の解決のリアルで具体的な形態の形成を促すのである. もちろんそれが自覚的に認識されていないとそのなかにある方向性は見えないだろう.

■〔10〕「コロナ」への対処と日本の過去・現在・未来――試論

（ブログ：2020年6月18日）

2020年5月末には日本における新型コロナウイルスの爆発的感染は少なくとも第1次は抑えられた. その対処の仕方と結果については, 中国, アメリカ, 韓国, ヨーロッパ諸国などと比較するといくつか特徴がある.

大きくは中国のような全体主義的対応とアメリカのような自由主義的対応があった. 中国では中央政府が強制的に, アメリカでは経済活動を長く優先した. しかし両国も, 韓国もヨーロッパ諸国も都市封鎖のごとく, 刑罰を伴う強制措置は共通であった. 日本は強制のない「自粛」であった.

また, 情報管理による対処は中国, 韓国などは強く, 日本は弱いと言ってよい. さらにその結果については, アメリカ, ロシア, スウェーデンなどヨーロッパ諸国と比較すると韓国と同様に死者率が非常に低い.

以上のような全体主義的でも自由主義的でもなく, かつ強制的でもなく, かつ情報管理も弱いままで, 死者率は低く第1次感染爆発を抑えた背景を考えたい.

第一には, 日本は言うまでもなく, 共産党一党独裁の体制ではない. 第二にはアメリカなどと比較すると新自由主義もそれに基づくグローバル化も不十分であった. それゆえアメリカや韓国と比べて社会的格差も情報化も進んでいない(「世界の格差と日本の格差」朝日新聞，2020年5月29日，朝刊)．アメリカなどと比べれば国民皆保険制度があること，しかし，スウェーデンほど福祉国家化は進んでいない．スウェーデンの場合は，福祉国家の進展は既に「安楽死」を正面から議論している段階にあり，今回の場合には高齢者の死亡率が高い．日本は，管理体制も新自由主義化もグローバル化もさらには福祉国家化もいずれも“中途半端”であるゆえに上記の結果になったことになる．

積極的に対応した諸国と決定的に違うのは，刑罰のつく強制をしなかったことである．これは制度の問題と強制性がなくても実践する国民のあり方双方に関わるが，端的に言えば，戦争をしない国，あるいは戦争ができない国であるからである．言うまでもなく，国家緊急権により全国民と国民の生活全領域を刑罰を背景に強制できるのは戦争であり，戦争が合法化されている国に置いてのみそれは可能である．そしてそのような制度にない国家と社会に日本があることをこの度のコロナ対応は示したのである．

このことは憲法9条体制を含む戦後体制が，ポスト戦後体制に移行しつつある現在にも継承されていることを意味する．この日本戦後史の国際的位置から日本近現代史を見る視角と立ち位置を考えたい．その国際的あり方とは，軍事力の行使を前提として覇権行為を行う覇権国家から，軍事力を行使しないという意味での非覇権国家への移行と定着である．現在までの日本近現代史の研究の視角は覇権国家日本の展開とその「失敗」と再び日本がそうならないための「教訓」が求められてきている．

最近いただいた本に，原田敬一『日清戦争論』(本の泉社，2020年)，少し前だが坂野潤治『帝国と立憲』(筑摩書房，2017年)がある．前書は最初の対外戦争としての日清戦争が日本近現代史の起点であり，そこでの政治家，国民，知識人などのあり方が後の日中戦争や第2次世界大戦への参加に連続することを述べる．それは現在も影響力をもつ司馬遼太郎史観への「反論」だとする．

この点については私も，明治維新から日清，日露戦争とその後の戦争では戦争指導の主体も形態も転換するがそれは近代日本の「ノーマル」な生理として正面から直視する必要があるが，それはその転換を病理，逸脱として処理し，その背後には転換以前の健康な，健全なナショナリズムを自明の価値として歴史を語る司馬氏の“史観”とは「大きく異なる」と述べたことがある(雨宮昭一

『近代日本の戦争指導』吉川弘文館，1997年，304頁）.

上記坂野さんの作品は，1874年の台湾出兵から始まる「日中戦争への道」を「日中戦争はなぜ防げなかったのか」という視角から近代日本における中国への膨張を意味する「帝国」とそれに歯止めをかけようとする「立憲」との長期にわたるやりとりと，1937年7月の後者の「最終的敗北」の後に1941年12月があること．詳細な分析から「デモクラシイ勢力が政権についていれば，戦争を止めることができる」ことを指摘する．そして現在の尖閣諸島をめぐる日中の局地戦争で「立憲デモクラシイ」の主張者が同調することを指摘する．「二度と日中戦争を起こしてはならない」と結ぶ．

原田さんは特に国民諸階層の生活と意識から，坂野さんは帝国と立憲から明治初期からの動向が日中戦争に連続していくことを具体的に示し，再びそうならないための教訓を日本の動きのなかから抽出する．その意味では私も同様である．

しかし，前述のコロナ対応の特徴に現れた日本の戦後史の特徴から，日本戦前の歴史への意味づけを変える，あるいは新しい視角を加えなくていいだろうか．つまり戦後日本は「憲法9条を守りながら，かつ属国にならない」（雨宮昭一「研究ノート」『地域総合研究』13号，2020年3月，43頁，本書第1章に収録，8頁）ことを課題として，少なくとも戦争をしない，できないという意味で，覇権国家でない国家と社会をつくってきた．それは決して不可逆ではないが不可逆にするためにも新しい視角が必要と思われる．

すなわち，覇権国家の交代という歴史的現実である．戦前，日本はまぎれもなく覇権国家の1つであり，それが帝国として植民地獲得も含む加害行為を行い，植民地，従属国，ほかの覇権国家との戦争に至った．戦後，アメリカは引き続き，最近はそれに新しく中国が新興の覇権国家として現れている．日本はそれら覇権国家から影響を受ける国になっているのである．

日本近現代史，特に1945年までの研究と叙述は，優れていればいるほど単に日本の，覇権国家への過程，「成功」「失敗」，加害，国際的責任を明らかにするのみならず，それを超えて，現在のアメリカや中国などの覇権国家への過程，「成功」「失敗」，加害，国際的責任などを明らかにすることの参考材料に満ち満ちており，その提供に客観的に貢献している．ここではそれを自覚的に行うべきことを提起したいのである．さらに日本は戦前日本の非覇権国家の契機，ほかの非覇権国家の，非覇権国家への過程，「成功」「失敗」，被害，国際的責任などを学ぶ必要がある．

以上の視点は「コロナ」をめぐるアメリカや中国，日本などのこの間の動向から得たものだが，もう1つはこれまでの私の協同主義研究からの継続もある．具体的には戦前の協同主義の主唱者である三木清の「東亜協同体」論の組換えである．三木は帝国主義の克服と自由主義，資本主義の問題の社会主義でも全体主義でもない方法による解決を実現しようとする協同主義の広域圏の形成を目指した．その現実化のためには「主導国」が必要であり，その日本は自らを協同主義に変えなければならないとした（三木清『三木清全集』岩波書店，1986年）．この論点を，私は主導国が変化している戦後――現在でも有効だとして，現在では中国などが自らを変えることを提起した（雨宮「研究ノート」『地域総合研究』12号，2019年3月，59頁，本書第三章55頁）．そのような国際的な地域秩序や国際秩序の形成にも覇権国の責任は重い．戦争についても覇権国が物理的に影響力を有しているのだから，戦争が起きたことに対する責任は主として覇権国にあるのは1945年の前も後も同じである．

非覇権国もまた覇権国を操作したり「善導」して戦争に至らない状態をつくる責任がある．そして覇権国，非覇権国のそれらの動きによって，覇権，非覇権関係をなくす地域秩序，世界秩序が形成される展望をもつことがありうる．ブログなどで述べてきたように，この間のコロナ状況は市場経済のみによるグローバル化に起因し，非市場的領域としての社会や政府の再生，および「友」と「敵」の向こう側にある人間の共生と共存が求められ，そしてそれが社会を救い管理している．それは全体主義でも自由主義でない方法を要請すると思われる．そしてその過程は同時に職住の近接とかベーシックインカムなどの新しいシステムの条件も形成している（ブログ：「雨宮昭一の個人研究室」「対パンデミック，オーバーシュート「非常事態体制」を」（2020年4月6日），「「非常事態体制」が促進することについて」（2020年4月7日）など）と思われる．そしてそれらが覇権，非覇権関係をなくす内外にわたるコンテンツと方法と思われる（雨宮昭一「協同主義とポスト戦後システム再論」『地域総合研究』13号，2020年3月，本書第2章に収録，同「協同主義研究の様々な課題と様々な立ち位置」

『地域総合研究』13号，2020年3月，本書第1章に収録）．

5 知の先蹤者たち

〔1〕天川晃さんを悼む

（ブログ：2017年5月21日）

4月27日に天川さんがなくなられてから3週間経つが，喪失感が激しくまだ立ち直れていない．もう半世紀前になるが，最初にお会いしたのは天川さんが東京大学法学部の助手をされていて筆者が大学院生のときであった．当時は「東大紛争」が始まる直前ぐらいのときである．そのころの政治学では丸山真男さんの存在が圧倒的で，日本，ヨーロッパを問わず政治思想史を選択する研究者の卵が多かった．また行政学の辻清明さんも強い影響力をもっていた．それ以外はたとえば日本政治外交史のように伝統的な専攻が選ばれていた．

天川さんも含む何人かはそのいずれにももの足らず，その後現れる「全共闘」（彼らはどちらかと言えば数量政治学のような新しい研究方法を使おうとしていた）とも異なっていた．親近感をもっていた岡義達さんや京極純一さんはまだ若く方法が外在化されていなかった．それもあって天川さんは助手時代は懊悩されているように見えた．しかし，このときの立ち位置が学問業界を越えた天川さんの存在をつくったと思われる．周知のごとく天川さんは日本占領研究の草分けであり第一人者である．天川さんは1974年から75年にかけて「戦後政治改革の前提――アメリカにおける対日占領政策の準備過程」「占領初期の政治状況――内務省と民生局の対応」「地方自治制度の改革」（これらの文献，本人の位置づけについては，天川晃「戦後改革・占領改革・戦時改革――戦後体制の成立をめぐって」福永文夫・河野康子編『戦後とは何か――政治学と歴史学の対話』下巻，丸善出版，2014年を参照）という3本の重要な論文を書かれた．

それらの業績はアメリカの資料の使用，占領以前の準備過程，そこでの占領の位置など以後展開される「占領史研究」の原型を表現された．さらにそれを通して狭い各学問業界を越えた展開をも表現された．当時から天川さんは，国際政治学会，政治学会，地方自治学会等々で報告をされている．そして自ら占領史研究会を起ち上げられたことも周知のことである．天川さんはよく国際と民際と学際の研究会を目指したと話されていた．ここでも境界を自覚的に越えようとされていた．

天川さんの卓越さは，業界を越えつつ単なるディレッタントではなかったことであり，深い意味でも，具体的な意味でも各業界に内在しつつ各々を超えられたことである．たとえば天川さんは，自分は行政学者ではないと公言されていたが，地方―中央関係における集権―分権，融合―分離を軸とする天川モデルは行政学の教科書には必ず載っている．関連して最近，というより天川さんの最後の仕事になってしまったが，戦後地方自治の歴史に関する本を準備され講演もされた．そのなかで既に1989年執筆の「昭和期における府県制度改革」で提出されていた戦前の内務省―府県制システムと戦時に出てきた内閣―道州制システムをさらに占領・戦後改革をくぐらせその結果がたぶん新「内務省―府県制システム」としての戦後体制として安定し，それが2001年あたりの「分権改革」で変わるという見通しをもたれていた（前掲書，138，141頁）．その後の展開については，亡くなる5カ月前に，「戦後の越え方」については筆者，最新の行政学における中央―地方関係については村松岐夫氏と3人で「放談会」をもち，そこで詰めていきたい，と話していた．残念ながら何回かのメールで体調が許さず延期されたままで終わってしまった．筆者は脱戦後システムとしては螺旋的循環としてではあるが第2期内閣―道州制システムの展開ではないかと「放談」するつもりであった．いずれにしてもわくわくするような議論がいつもできたのは天川さんの知のひろやかさ，つまり長期的で全体的な視野から常に問題を考えられていたからであった

天川さんは率直でこわばりを好まず，ユーモアを自然に身につけていた．自らを「関西人」と述べ，たとえば筆者の「一所懸命さ」をからかった．こうしたデタッチメント，ユーモア，場にいて場を超えるという特徴は，実は天川さんは早くから距離を置き筆者は少し遅れて距離を置いた丸山真男，辻清明，林茂の諸先生方の教えでもあり，気質でもあったことに気づく．本人の意向はわからないが，その時代の最も良質なものを継承しつつ新たに展開していることは間違いないと思われる．

最後に少々個人的なことを述べたい．互いに助手，院生以降20年近く，筆者は1920年代と戦時期を研究していて，東京大学の政治学研究会で時折会う以外は天川さんとはクロスすることはなかった．筆者が占領期を勉強し始め，一方占領史研究会が解散（1992年）したころから非常に親しく会う機会が増えた．以下はこれまで一緒につくった，今つくりつつある，そしてこれからつくることになっていたいくつかのしごとである．さまざまな科研費研究会，茨城の占領時代研究会（『茨城の占領時代――40人の証言』茨城新聞社，2001年），科研費（天川晃・増田弘共編『地域から見直す占領改革――戦後地方政治の連続と非連続』山川出版社，2001年），天川晃・稲継裕昭『自治体と政策』（放送大学教育振興会，2009年）．戦後体制研究会，福永文夫・河野康子編『戦後とは何か――政治学と歴史学の対話』上・下巻（丸善出版，2014年）．同『対話沖縄の戦後――政治・歴史・思考』（吉田書店，2017年）．まだ発行されていないものの計画が進んでいた同『比較戦後体制論（仮題）』など．ほかに占領・戦後史研究会，ガバナンス研究会，マッカーサーノート研究会などでもそれぞれつくり，今つくりつつあり，これからつくることになっていた課題があった．知的にも学問的にも人間的にも付き合い，相談する日々であった．4歳しか違わず年齢も近いこともあってか，親や若いときの友人たちとの別れよりもその喪失感は身体的とも言えるほど深い．それはまた稀有な存在だった天川さんの不在の個人を超えた意味を表しているように思われる．

〔2〕坂野潤治さんを悼む

（ブログ：2020年12月1日）

坪内稔典さんに「枯野では捕鯨の真似をしろよ，なあ」という句がある．これは句仲間の追悼の句としてつくられたものである．私は弟子ではないが，長い間親しく付き合っていただいた，畏敬すべき人としての坂野潤治さんに何かを書きたいと思った．

俳句では「枯野でもやるときはやるですね，坂野さん」と詠んでしまった．

坂野さんは日本近現代史研究の巨星の1人であり，膨大な著作も含めて多様な側面を有しているので，その全体を描くのは多数のお弟子さんたちによって行われると思う．ここでは私に関わることに限定して書くことにする．

今から五十数年前に大学院の私の指導教官であった東京大学社会科学研究所の林茂先生の研究室で紹介されたのが最初の出会いであった．私は林先生との関係で坂野さんと伊藤隆さんには少し特別の親しさをもっている．以後，先生の研究室，憲政資料室，研究会の後の居酒屋，共通の知人の記念イベント，仕事の打ち合わせなど無数の場でお話をする機会をいただいたが，そのなかで印象に残ることがある．

三十数年前に早稲田大学での政治学会でのあるセクションで坂野さんの持論の1930年代の日本のデモクラシーの報告に対して私が戦時期の位置づけが明確でないことを質問した．それに対して坂野さんは質問には触れずに「答えは簡単だ．来年，君がここに座ればいいんだ」と言い放った．

また，学会などの後に見知らぬ土地で食事やお酒を飲む場所として，私がその土地の日常的な料理を出すところを見つけると，「雨宮は嗅覚がいい．こういうところでも研究でも」と言い，嗅覚以外は駄目というニュアンスは否定しがたいが，私の研究では統帥権，日糖事件，外交調査会，惜春会，町内会，総力戦体制，50年代社会論などを例に挙げられた．

こうしたところに現れる身体的感性と「社会は解釈するだけでなく，変革するものである」という感性は共通して有していると思う．それは坂野さんが60年の安保闘争の全学連の国会突入のときのリーダーであったこと，私も3，4年後に同系統のブントの活動家として二度ほど検挙されたことがあったことなどにも表れていると思われる．

だから坂野さんのすべての著作では「社会をどうすればよくできるか」との視点が貫いており，また2011年の福島原発事故の後片付けのとき「若い人が放射能を浴びてはだめだ．老人が現場で働こう」との「老人決死隊」の呼びかけに坂野さんが応じ，それを坂野さんから聞いた私も即座に「参加したい」と言ったと思われる．

しかし共通したものを前提にしながら，研究上の立ち位置はかなり異なっている．坂野さんは都市アッパーミドルの自由主義で私は旧中間層の動きも重視する民主主義であり，よく話されたが坂野さんの父上は裁判官で戦時中に町内会などにあった旧中間層に圧迫されたことを，反権力の源泉の1つにされている．私はコミュニティに責任をもつあり方に視点を置いていた．これらが戦時期の評価に違いとなって現れている．4年ほど前に，日本の近現代に関する坂野さんと私との対談形式の新書を出そうと言われた．その直後に安倍晋三政権は1940年代の翼賛体制ではなく，1920年代の自由主義体制――天皇制自由主義体制を客観的にはモデルにしているとの論文，著書を，私が出して以後その企画は展開しなかった．

学問的にはまさに“巨星落つ”であるが，私にとっては無数の機会にわかっていることは当たり前に前提にして省略し，互いにまだわからないことを，それゆえにわくわくするような，フットワークの軽い楽しい時間が永遠に失われたことが痛切に感じられる．最後にやはりお話ししたい．

枯野でもやるときはやるですね，坂野さん
合掌

6 アートとポスト戦後システム

〔1〕大阪・アート・7つの船

（ブログ：2016年12月31日）

2016年12月4日に大阪で行われた「7つの船」というアートプロジェクトによるナイトクルージングに参加した．そのときの印象が深かったので，その日にLINEで知人に感想を送った．それはアートだけではなく歴史，地域，政治にとっても深い示唆を与える経験だったので，まったくの感覚的なものだがここに記録しておきたい．

ナイトクルーズ，すごく楽しかった．大阪の近世，近代，そして現代，第2次産業，第3次産業，ほんのわずかの第1次産業，住宅地などが川から見ることによって，つまり「裏側」から見ることによって非常に素直に見えた．それをアーティストによるさまざまなパフォーマンスが一層豊かにしてくれた．実に厚みのある経験であった．

大阪かアートかではなくて元々豊かな大阪の過去，現在そして未来が，さまざまなアーティストによる船内外における最新のオリジナルなパフォーマンスによって豊かに立ち上がったのである．

大阪の厚み立ち上ぐセブンシーナイトクルーズ

〔2〕シャッターのあるいは「シャッター街」の再定義と地域形成

（ブログ：2018年9月28日）

9月16日にオープンした「art' isozaki」（水戸市三の丸1）に9月22日に行ってきた．水戸市の中心地域の1つであり，雑居ビルのシャッターが閉められている状態で数年後には「再開発」されるかもしれない地域でもある．

このアートギャラリーの「こけらおとし」として招かれた現代美術家雨宮庸介の「作品」はいろいろな意味で興味をひくものである．1つは展示されている人の手とそれにいだかれた実物大のリンゴの彫刻である．ここには作品そのもの，およびその展示の仕方を通して，「物事の境界線とはいったい何か」「本物か偽物か」といった物事の境界線の再考を迫っている．

もう1つの「作品」は，テーマを「あ，あな，あなた」「A Hole, and You」と名づけているように，この雑居ビルの「リノベーション」そのものである．まずこれまでは捨てられたシャッターに穴をあけたことである．そしてそれが出入口になっている．さらに，これまでのように引き剝がされ真新しいタイルに替えられる床を丁寧にそのまま清掃しニスを塗っている．作者は「ピカピカの何かにするのではなく，この古いビルを生かしたありのままの水戸を肯定したいと思った」「一番の見どころは，ギャラリー内からシャッターの穴を通して見える水戸のまちそのもの．水戸の全部が役者で魅力」と述べる（「水戸にアートギャラリー　商業空間をアート空間に，見どころは「まちそのもの」――茨城」みんなの経済新聞，Yahoo!ニュース，9月20日）．

この作品における穴のあいたシャッターは，「内」からは直接往来する多様な市民や車，自転車やベビーカーが見え，「外」からは落ち着いた床などが見える，かつ「穴」から出入り自由である．つまり，これまで内と外の境界であったシャッターの意味を変えている．それはこの地域の「現在」そのものの動的な表現でもある．つまり内からと外から人々の歴史的営為，人々そのもの，そして街が芸術作品であることに気づかせてくれる．さらに床においてはこれまでとこれから，つまり「過去」と「未来」の関係づけに関わる．これまでの床を剥いでピカピカのタイルを敷くのは過去の否定から未来を始めることである．それに対してこれまでそこに住んだり働いたり訪ねたりした人々の足跡や，人々の何かをこぼしたり塗り直したり掃除したりしたものが重なっている状態を，つまりは人々の歴史的営為を保存し可視化することによって未来につなげようとしている．以上の本物と偽物，内と外，過去と未来の境界の再定義のほかに，展示の仕方において「表」と「裏」の境界の再定義がなされている．展示は1階だけではなく4階まであり，さまざまな仕掛けがなされているが，1階の展示においてはこれまでの展示空間だけではなくその準備室と倉庫まで「展示」している．つまり，これまでの表と裏の境界を越えているのである．

以上の本物と偽物，内と外，過去と未来，表と裏などの境界の再考をこころよく迫る，あるいは楽しませる諸「作品」の評価とは別に，この諸作品を筆者の専門に近い「地域形成」「再開発」「シャッター街」などに関わらせてみたい．これまでの地域の再開発は「古く」なったものをすべて壊してスクラップして新しい建物をつくる，という思想，哲学でなされてきた．これは全国でも地域でも狭い商店街やビル街でもさらに個々の建物のリノベーションでも古いものを壊して「新しい」「ぴかぴか」のものを，というその思込みが続いている．しかし国や自治体が補助金などで補助して行っても，さらに低成長下では将来にわたる借金である国債，地方債で行っても，短期的に一時的に雇用や需要をつくっても，少子化，高齢化，低成長の下では，すぐに次の「スクラップ」の対象状態になる．そして上記の「新しさ」もすぐに陳腐化する．人々の感性が底の浅い「ぴかぴか」を受容しなくなったのである．こうして財政難からも再開発を強行するか，放置するかの状態に移行しつつある．「再開発」の場合も古い建物の外壁だけを残して，あるいは屋根だけを残して内部を全部変える方式が多い．

以上のような「再開発」，放置，再開発の微修正という現状と比べると，上記の「諸作品」の地域形成における重要な位置と意味が際立つ．人口が減り，高齢化し，かつ低成長の下で，ピカピカの新品でなく，これまでの地域の人々の歴史的営為を美的に継承し，お金をかけずに，豊かに生きていけるあり方を既存のシャッターの再定義，外壁のみならず床の再定義等々によって表出している．お金をかけないということは後に負担を残さないことでもあるが，「ぴかぴか」の「新品」ではなく，また個々の建物に自己完結的にすべての機能を完備するのではなく，高度成長期に集積したトイレなどの公的インフラとの分担や近くの建物との分担なども自覚的に行えば可能であろう．つまり，これからの地域形成にこの「諸作品」は1つのモデルを提供していると言ってよいだろう．

もちろんこの作品はたくさんの人々との協同でつくられたものである．ギャラリーの磯崎寛也さん，たくさんの実業家の方々，工務店の桑名武之さんなどが，ときには議論しながらつくったという．筆者が見ていてもいずれもわくわくと楽しくやっていることであった．さらに1時間半ほど現場にいたが，勤め人，高齢者，高校生，予備校生，ベビーカーの女性など多様な人々が「穴」をくぐり，のびのびと面白がっていた．話しを聞いてみると，上記の再定義による解放感を感じているとのことである．このプロジェクトに関わった人たちが，そして見た人たちが感じている気持ちよさはそこにあるだろう．以上はアートと生活と地域形成におけるその境界の創造的な越え方をも表現していると思われる．

〔3〕幽霊の原稿

（ブログ：2019年9月19日）

昨日，西麻布にある画廊スノーコンテンポラリーで，ベルリン在住で私の長男の雨宮庸介の「幽霊の原稿」と題する個展を見た．今度の作品は，直接のきっかけの1つには，今は落ち着いているが，ここ1，2年の父親である私と母親である私の妻がかなり重い病にかかってある意味で死と再生に関わりそれへの対応の過程，彼のパフォーマンスの絵コンテ，ト書き，論文に向けての学者の原稿など，それらの時間，空間，行為，関係による過程の局面局面とその連続を，

1枚の2次元の絵にするという，新しい試み，と思われる．

そのような試みは多くの場合わかりにくい表現になりやすいが，今回の黒地に白の螺旋は大変にくっきりと上記の内容をある意味でシンプルに直感的に感じさせてくれている．それは上記の内容，および局面局面の総和以上の何かをも新しく表現している気持ちのよい絵画だと私には感じられた．

〔4〕あいちトリエンナーレ2019

（ブログ：2019年10月11日）

一昨日9日，あいちトリエンナーレに出向いた．再開された「表現の不自由展・その後」の入場抽選には落ちてしまったが，それ以外の作品は（豊田市の場所のものは時間的に行くことができず見られなかったが）見ることができた．

実に多様でアクチュアルなテーマ，多様な表現方法，アーティスト以外の人々の参加も含めた手法などを見ることができた．戦争，難民，ジェンダー，心身の障害等々アクチュアルな問題を避けずにしかも，カール・シュミットのいう友敵関係としての政治の文脈とは異なるあり方を表現している．つまり政治とも経済とも異なる形で今と次を直感的にリアルに見せてくれる．

その内外のアーティストたちはほとんど例外なく自分たちの展示場所と異なる「不自由展」の中止と再開に反応，言及している．声明などで，表現の自由に関わり再開しなければ以後日本で行われるイベントに参加しないとか，作品を変化させたりとかである．

会場には「あいちトリエンナーレのあり方検証委員会中間報告」，同「抜粋版」，同「データ・図解表」も置いてあり，相当に詳細に企画，中止，再開の内容が記されている．

ここで見た作品でも言えることではあるが，アートは自明と思っていることをそれとは異なる思いがけない仕方で相対化し，自覚しないが行き詰っていることを可視化するなど人類にとって不可欠なものである．それゆえに少数，多数などと相対的に自立した扱いが不可欠である．中止したままとか文化庁の補助金交付打切りが原因で内外のアートに接する機会が失われるとすれば大変なことであり，その点で再開はこの「国」と人々と社会の今と未来を救ったことになろう．

私は最近の著書のなかで，原爆の被爆者の動きの，被害者加害者文脈を超えた側面を「平和の少女像」でも見ることが可能と述べたことがある．その像を「反日」「反韓」の政治的動員の側面からでない視点と文脈から多くの人が見る権利がある．

いろいろと不十分な点があるとはいえ，以上のような問題が大騒ぎになり，広く深く議論され，再開されたことはほぼベストな展開だと思った次第である．

〔5〕 表現の自由

（ブログ：2019年10月11日）

今日，あいちトリエンナーレのことを書いたが，それと関連して私的なことを思い出した．私が勤めていたある国立大学の研究所の所長をしていた15年近く前のことである．

研究所の講堂で折からの社会科教科書をめぐる公開研究会のような催しを所員の何人かがしたいと所長の使用許可を求めてきて許可した．するとその研究会の数日前から反対の右翼が街宣車を出して行動する，との情報があり，大学の幹部が，危険なので研究会を止めてほしい，所長が使用を許可しないでほしいと何回か言ってきた．かなりパニックになっているようであった．

私は「大学には学問の自由，表現の自由があるから中止はしない」「右翼にも表現の自由がある．規則を守って街宣するのは何も問題ない」「大学当局は警察にその街宣が法と規則に違反しないよう対処してほしいことを言えばよい」と言った．

結局研究会は開催された．所長室で相当緊張していたが街宣車も静かに街宣し，研究会も覗くと批判派，賛成派が議論しており，そのなかで批判，賛成と違う次元に議論が発展していた．

〔6〕稀勢の里を見るいろいろな見方

（ブログ：2017年1月26日）

昨日，茨城大学協創教育研究センター研究会のコメンテーターとして大学に向かう午後1時30分ごろ，水戸駅で「稀勢の里横綱に」との茨城新聞の号外が手渡された．稀勢の里については私も何度も何度もがっかりしてきた．前々場所のときであるが，句会で，

稀勢の里やっぱり負けます秋海棠（2016年10月9日，雲の会）

と詠んでしまった．これは，朝潮がどっと負けます曼殊沙華（坪内捻典）の形をお借りしたのだが，一種のやるせなさとあきらめの心情をうたったものだった．自分が茨城県に長くいたこともあるが，とにかく優勝して横綱になってという焦慮のような気持ちでいっぱいだったわけである．それはメジャーに行った投手に二桁勝利を熱く期待することとも共通している．

しかし，この間の稀勢の里の優勝，横綱決定のなかで最も印象的だったのは，稀勢の里のお母さんの「大関でながく相撲を取ってほしかった」とつぶやいたことばだった．それぞれの人がそれぞれの見方をもっていること，それを知りかつ尊重し合うことがそれぞれを豊かにしてくれることを感じた．そういえば，メジャーに行った投手が目標を聞かれて速球をきたえて二桁勝利を続けることだと答えたら，コーチがそうではなく目標は長く投げ続けることだ，と言ったそうである．

〔7〕徳田球一と水仙

（ブログ：2017年1月5日）

昨日，自転車で多摩墓地にある私の家の墓にお参りに行った．済ませて自転車で帰るとき引きつけられるように右を見たら徳田球一という自然石に近いお墓があった．そして花入れに一輪ずつ水仙が供えられていた．

徳田は「獄中18年」「戦後日本共産党初代書記長」「所感派」「北京客死」などある意味で派手なイメージが残されているが，ピュアでフェアな人柄であることは新聞記者や政敵でもあった吉田茂なども認めている．

その意味でも今もお墓がさっぱりと清掃され水仙が一輪供えられていることは印象的であった．

徳球に水仙一輪多摩霊園

〔8〕コロナ禍のなかの過ごし方
――循環社会，持続可能な社会へのささやかな試み

（ブログ：2020年11月1日）

コロナのため研究会も調査もオンサイトでは不可能になった時間が長くあり，今も続いている．この9カ月間の家のなかの生活はいつもと違ったはずである．私はベランダの3つの中型の鉢に近所の園芸店から，それぞれ1本100円から200円のゴーヤ，キュウリ，ナスの苗を1本ずつ購入した．

肥料はわからないこともあって化学肥料は使わず，すべて家の生ごみを使った．山梨の実家からの漬物の糠でつくった漬物を洗った水，コーヒーの粉，果実の皮など．そのことによってゴミに出す生ごみは半分以下になった．また炎暑が続いたから水分が必要であった．炊事で使う水は信じられないほどたくさんだが，洗剤を使わない水を鍋にためて鉢に入れた．私が検査入院した時は長女のエンジニアの婿さんが，ぽとぽとと水を供給する手製の給水装置をつくってくれた．

いずれもよく育ち，実をつけてくれて，朝，とったばかりのゴーヤとナスを卵と炒めたものを食べるのは至福であった．広がった茎や葉がベランダを覆い炎暑を圧倒的に遮断してくれた．朝，カーテンを開けると緑が飛び込んでくる．シジミ蝶，熊蜂，蠅，蟻，ゲジゲジなどが受粉も含めてたくさんやってきた．夏みかんの生ごみから芽が出て成長しアゲハ蝶の幼虫がつき，2羽羽化した．そしてしばらくしてその1羽が産卵にきた．

やがて諸事オンラインになっていくが，このなかで畑など屋外に出なくても，屋内で以上の自然自体の循環と，人間の関わりと交流，五感，六感に感じる気持ちよさなどを伴うささやかな循環社会の試みは，アフターコロナの社会，ゴミを減らさなければならない小金井市にとっても，持続可能なグローバルな国際社会の形成にとっても，深い意味があるように思われる．

7 私の学生観

（「獨協大学学報」No.28，2011）

「自分の知らないことを知っている人」と「学生とは何か」と聞かれるときに私は答えている．ゼミなどで学生も教師も「今日はいい議論ができたね」と気持ちよい時間と空間をもてることがよくある．それはテキストやテーマを媒介にして互いに知らないことを知り合うだけでなく，その交換を通じて，新しいことがつくられたからである．

この相互性を通じて新しいことを生み出すことは，研究におけるヒアリング調査とも，学会での討論とも，また私のゼミの学生の就職活動における“売り”である社会との相互性を通じて“新しい商品やサービスをつくり出すことができる”こととも共通している．

もちろん，あるがままの学生も教師も既に知られていることや情報と，自分のオリジナルな知識や意見が混ざり合ってしまうことが多い．たぶん教師のできることはその区別のための方法とリテラシーの手続きを提示することだと思う．つまり既存の情報と知識をもちつつそれを第1次資料や相手に接しつつ新たに自分で再構成できるという意味での“地頭”“素”で考えることである．教師にとって学生は，その時々の「社会的諸関係のアンサンブル＝総体」（マルクス）として現れる．その意味で学生はいつも新しい社会を持ち込み，生い立ちがすべて違うという意味で，それゆえに希望も違うという意味で個性的である．“素となった”彼ら，彼女らと“素”で付き合うことで，私も“日々新た”たりうる．

私は，大学に就職してもう三十数年になる．当初から教育者という自覚はなく研究者であることを著しく優先してきた．そのなかで特に大教室での一方的講義は苦手で，テキストの章ごとに学生に班をつくってもらい，調査，報告，討論を行い，私はサポートする方式などをやったが，大教室の講義は大変であり，いずれにしても一方的なことは苦手である．しかし，ある時期から教育も研究も学生への就活援助も異質なものの対等な交流による新しいことの創造（たとえば今年の内定をとったゼミ生たちは，マナーは前提として企業に心理的に服従したり，媚びたりするのではなく，自分の長所や自分が大事と考えることと，各自治体や企業の課題を対等に結びつけ，また対等な交流とは相手にアピールするだけではなく，相手の言うことに深く“うなずく”よく心を傾けることなどを私に伝えてくれる）という点で共通し，かつ相互に関係することがわかるようになった．そのプロセスを，ゼミ生たちがつくる『ゼミ誌』と大学の教務係が編集する『ゼミ紹介』の残っているものからたどってみたい．

1988年の『ゼミ誌』では「人生80年ですから，照る日曇る日，人生裏街道の枯落葉はたまた濡れ落葉ということもあるでしょうから，とにかくタンタンとサワヤカにやっていきましょう」と述べて，バブル経済のなかで浮かれている一方で，その最中に『ゼミ紹介』（1991年）では「『パックスジャポニカ』を自覚的，無自覚的，あるいは不承無承に謳歌したり受容してもよい．他方で……『パックスジャポニカ』の『安楽死』も含む，もう少し長いパースペクティブで，この事態を相対化したほうが，人生を豊かに生きていけるかも知れない」と書いている．

バブルの崩壊後には「『日本人』『男性』『健常者』『正規社員』『人種』『女性』『障害者』『パートタイマー』『若者』『老人』がいかに『定義』され，その『定義』を生きてしまったか．……上記の『定義』の再検討，ひいては自分たちによる『再定義』，さらに自明と思い込んでいる日常生活の再定義，それを取り巻く文化的地図のつくり直しを……ゼミ生とともに考えていきたい」（『ゼミ紹介』1999年）と記している．

2001年の『ゼミ誌』には「ゼミ生の変化が……4年前の新ゼミ生が全員「何をしたいかわからない」といった……印象的な事態で感知されたこと，その背景には冷戦が崩壊し，55年体制，日本的経営，福祉国家，日本国憲法などが一斉にゆらぎ……それが家庭，地域，会社，大学などにも現れ……学生にとっては「戦後体制」の物語で育てられてきて“それは無効です”といきなり言われたわけですから「困惑」するのは当然であり，そのなかで学生たちは「会社への幻想から……解放され」つつある」ことなどが書かれている．

同じところに，情報化が進展し学生がPCで「素早く情報を得ることに驚いて」おり，「以前には情報や資料へのアクセスの仕方を教えるのに大変な時間と労力を費やしたことと比べると隔世の感があり」，「そこで本来のこと，1つには情報のリテラシー，もう1つは自ら発信することにすぐ取りかかれる状態になったこと」，リテラシーとは情報が「いかにつくられているか」を必ず検討すること，そのための資料は「賛成，反対，中立」の3つが必要なことなどを書いている．

2002年にはゼミ生の積極的なゼミ運営参加，久しぶりの全員就職内定，定員3倍ほどのゼミ希望者などがあり，これまでの教師ともどもの「脱力」と「脱構築」で「日々を過ごし」ていたところから，「脱力」を踏まえた「再構築」への動きが見られると記している（『ゼミ誌』）．就職については「ゼミ生の感性＝未来の理性，思い込み，欲望を個々が解釈し広げ，他者に表現できるようにするというゼミ生，教師のゼミの方針がフィットしたからかも知れ」ず「自己のオリジナティを確認し」他者と関連させて「位置づけ，意味づけて，それを他者に表現できることを現在の人事担当者は見ていると思われます」と記している．また同誌には「特に先生の脱力という言葉に何度助けられたか」「“脱力”に生きる大切さ，この生き方を知ってすごく楽になりました」，さらに「職業意識と教育のずれ」を鋭く指摘するゼミ生の文章がある．

「多様な人々が少しずつ知恵を持ち寄り，少しずつ分け合うような関係が30年間のこのゼミであったと思う」と述べているのは2005年の『ゼミ誌』である．『2007年度大学案内シート』では「ゼミ生が自由にテーマを選択し，教師がサポートする」「実態と方向を知るためには，理論と歴史と調査の方法を学ぶ」「自明と思っていることを自明としないでそれ自体を対象化すること，それを通して歴史の転換期にふさわしい新しい事業，サービス，商品，働き方，ライフスタイルなどを考えられる人に」などを記している．

そして2011年3月11日である．私は当日難民となり，地域の避難所で命拾いして「地域における連帯，協同，ライフスタイルや，経済のあり方の再構築が求められていて，それがゼミで議論してきたポスト戦後体制の具体的コンテンツ」と本年2011年の『ゼミ誌』は述べている．

以上の“教育”上の内容は，私の学会報告，論文，著書などの内容と同時に進行している．ここには知を独占する教師が権威をもって学生を一方的に教えるという近代の前提が崩壊した後の“教育と学生と社会と教師”の関係の1つのあり方が表現されているかもしれない．

2012年度『演習の手引き』では，私たちは東北地方が先進的に創ってきた豊かさ，すなわち日本社会全体に関わる「少子高齢化，低成長社会」に創造的に先進的に適応した「“健やかな衰退”“賢明な衰退”という豊かさを生きることである」と記している．“豊かな下り坂”に入った社会のなかで人生の下り坂を日々驚きつつゆったり楽しむ教師と上り坂を楽しむ学生が互いに知らないこと，わからないことを交換し合い，その豊かさを構成していきたいと思う．

■ 象徴君主制への作法

（ブログ：2021年10月1日）

眞子さんの結婚をめぐっていろいろな意見，というより，結婚相手の人や，家族がいかに不適合かを，メディアも「皇室」や「天皇制」の専門家や研究者までがのべ，この結婚はするべきでない，に近い言行をしている．私は皇室にも天皇制にも，興味がなくあえて言えば，こんなに人権を無視されるファミリーを必要とする制度はあってはいけないと思っている人間である．

象徴君主制は，好きな言葉ではないが「コストパフォーマンス」がじつによい制度である．一つの国や連邦のまとまり，アイデンティティ，バランスなどを君主ファミリーが象徴として体現してくれる．4，5年ごとに大統領選挙などで象徴をつくる非君主制はたいへんなのである．だから民主主義が成熟した国々でも象徴君主制が行われている．つまり人類の重要な知恵の一つといってよい．

象徴君主制がなければまとまり，アイデンティティ，バランスなどを国民自らが不断に日常的につくっていかなければならないのである．今の日本は，日本国民は象徴君主制を廃止しようとしていない．つまり国民は民主主義的にその存在を支持し依拠していることになる．そのために人権が保証されない皇室，君主ファミリーが存在させられている．そうだとすればそのファミリーメンバーにはできるだけ自由に生きてもらうことをみんながあたたかくみまもり，保証することが，作法と思う．

あとがき

年齢的には体力的にはこれが最後の単著になるだろうなと思いつつそれに少しも頷いていない自分がある．つまりやはりいつものように一冊書き終えるとはじめて次の解明すべき課題が現れたが今回も例外ではなかった．一つは完全雇用はもちろん資本主義的な雇用も自明でなくなり，国民国家もそれをカバーできなくなった時にいかなるシステムがあり得るか，そのこととも関連してもう一つは私が「青春期」から展開してきた政治社会史，はそれにいかに応答できるか，である．

この二点，本書出版後考えていかなければならない課題で考えていくのは，大変だけれど楽しい．年齢的にも体力的にも詰め切れないかもしれないが，「撃ちてし止まん」ではなく“楽しみて止まん”，で詰め切れなくても俳句と同じように楽しんでいけるところまでいけばよい，と思っている．と思っていたら本書完成原稿を届けた直後に上記二点に関連する最近の研究に遭遇した．ここですこしそれに触れておきたい．

一つは国際的な開発をめぐる国連のSDGsアジェンダを主導した「批判的開発学派」の研究者たちの様々な問題提起である．特にその中のグローバル・ベーシックインカムシステムの提起である．詳しくはふれないが，トマス・ペインなどが資本家が本来人々の財産を簒奪しているからそれは人民が再領有できると述べたように，本書で触れたカール・ポランニーの本来商品化すべきではないものを商品化した「大転換」と共通する，土地囲い込みや暴力による資本の原子蓄積による本来人々の共有財産が暴力で簒奪され私物化されたので，それを再度，共有財産にもどすべきであること．その方法と形態は多様にあるが，地球上の多国籍企業の株を一括して管理する「持ち株会社」をつくり，地球上のすべての人間を株主にする．しかも株主総会では「一人一票」にする．それで配当はすべての人々に同額で行われる．つまり国際的ベーシックインカムである．すべての人個々にもつ共有財産であるから，怠ける人をどうするか，などのベーシックインカムについて行われる議論はなりたたない（詳しいことは当面，岡野内正『グローバル・ベーシック・インカム構想の射程　批判開発学―SDGsとの対話』2021年，法律文化社）．

この議論は，私が提起してきた，共時的にも通時的にも，ローカルからグローバルまでの各領域，全領域においても自由主義と協同主義の関係と割合で見てみること，協同主義による市場と国家のデザインの必要，との議論と深く，かつ具体的に響きあう．自由主義か協働主義か，ではなくたとえば多国籍企業を作動させながら協同主義的方向性と管理を具体的に考えるなどである．上記グローバル・ベーシックインカム構想と論理とも含めて，自由主義と協同主義の関係と割合を深く，かつ具体的に考える課題が現れたとおもっている．国内的にも，それは本書でも述べてきたように，「敵」，私の方法的「諸論」がシステムとして「味方」，「賛成派」「反対派」を超えることに関連して，二大政党制や中道右派左派などの制度や対立を自明の前提として政治を見る見方の根本的な再検討を迫る可能性を持っていると思われる．

もう一つは冷戦をめぐる若い研究者の研究である．本年9月18日に東京外国語大学のウインク研究例会で『人々のなかの冷戦―想像が現実になるとき』2021年，岩波書店，の著者の益田肇さんのお話しをうかがった．そこでは，冷戦というものが，権力中枢，あるいはその近くのエリートによって構成されたものとこれまで長くとらえられてきたが，違うのではないか．特に実際の社会で生活している人々が冷戦をいかに扱っているかが，重要な現実ではないか，たとえば最末端の地域社会では，総力戦による平等化により地域で既得権を侵された社会層が冷戦言説を既得権益を回復するために使う，などであり，そのようにして冷戦が社会に定着し，それゆえにエリート以外の「冷戦責任」もありうる，その地域社会から考えるのは氏の新聞社地方局に勤めていた経験もあるという．氏の前掲書では私は，エリート冷戦論の正統といわれている（37頁，註24頁）．

私は冷戦そのものを対象に研究してこなかったことも含めて氏の研究からたくさんの示唆をうけた．そして多くの創造的な展開が予想される．『戦時戦後体制論』『総力戦体制と地域自治』や本書でのべてきた社会の最末端からナショナル，リージョナル，グローバル・の各レベルの循環過程を，社会を起点としてみる，その意味でエリートも大衆もシステムのそれぞれの不可欠の要素としてみる，私が試みてきた政治社会史は氏の議論と創造的に響きあうと思われ，今後是非深め，その方法をバージョンアップしたいと思い，それが一点目の課題にも貢献できると思っている．

それは同時に，継続的課題であるがローカル・ナショナル・リージョナル・グローバルの各場での資本やそれに従う「国家」「国際組織」に占有された知識や空間や時間を再領有，再共有する連帯経済もふくむ経済，政治，社会，文化，遊びなど諸領域における，方法，戦略戦術，運動，シンボルなどの探求と，上記の二つの課題の解明とは，深く密接に関連していると思われる．

このような幸運な場をこの間の様々なライン研究例会で与えられた．本書の準備期間はまさしくコロナ禍の期間であった．その中で本書補章で触れているように，たくさんの私が関係する研究会がすべてのオンラインでおこなわれ，日によっては三つの研究会に参加している．対面では絶対に不可能であることが可能となった．市民と研究者の議論の場である文明フォーラム@北多摩も含む10近くの各研究会の運営者の方々に深く感謝したい．本書の主要な部分はいろいろな研究会で報告したものを起こし，獨協大学地域総合研究所の年報に掲載したものであり，お世話になった方々にお礼をのべたい．

さらに補章では上記のライン研究会へのコメントのほかに社会で起きている事態に対応してブログに書いたものを収録した．「時代への向き合い方」の一つの側面とおもっている．ごく最近のもの「象徴君主制の作法」も無理をして収録したが，制度と人権について制度にもっぱら囚われてその「バランス」を言う［専門家］たちに，制度の「持続可能な発展」の本質的なことは人権の拡大にあることをのべたものである．

本書作成に多くの示唆や報告の場を与えてくださったことも含めてサポートしてくださった協同主義研究会はじめたくさんの研究会の関係者の方々，獨協大学地域総合研究所の教職員のみなさん，私の家族，そして出版のための索引，校正などに大変ご苦労をおかけした丸善プラネットの野邉真実さんに感謝申し上げる．

2021年11月佳日に

雨宮昭一

索　引

■ あ

■ か

著者略歴

雨宮　昭一（あめみや　しょういち）

1944年，山梨県に生まれる．東京大学大学院法学政治研究科博士課程修了，法学博士．専門は政治学，日本政治外交史，地域政治論．ハーバード大学客員研究員，茨城大学教授，獨協大学教授，両大学地域総合研究所所長などを経て，茨城大学名誉教授，獨協大学名誉教授．茨城県史，茨城県議会史，水戸市史，水海道市史，山梨県史，塩山市史などの編纂専門委員，歴史学研究会総合部会担当委員，日本政治学会企画委員，日本同時代史学会理事，占領・戦後史研究会代表などを歴任．

［単著］『戦時戦後体制論』（岩波書店，1997年，2012年復刊），『近代日本の戦争指導』（吉川弘文館，1997年），『総力戦体制と地域自治』（青木書店，1999年），『占領と改革』（岩波新書，2008年，韓国語版：A moonakusa社，2013年，中国語版：中和出版，2017年，の訳書あり），『戦後の越え方―歴史・地域・政治・思考』（日本経済評論社，2013年），『協同主義とポスト戦後システム』（有志舎，2018年）

［編著］『現代史と国家秘密法』（未来社，1985年），『戦後体制の形成』（大月書店，1988年），『日本同時代３』（青木書店，1990年），『茨城を楽しむ30の方法』（茨城新聞社，1999年），『政党政治の時代』（朝日新聞社，2000年），『茨城の占領時代』（茨城新聞社，2001年），『3・11後の日本と国際社会』（丸善，2014年，英語版もあり），『ポスト・ベッドタウンシステムの研究』（丸善，2014年），『別冊宝島2369号　占領下の日本』（宝島社，2015年）など．

［共著］『日本政治裁判史録1-5』（第一法規出版，1968年），『戦後とは何か　上・下』（丸善，2014年），『日本近現代をどう見るか』（岩波新書，2010年），『戦時体制と法学者』（世界書院，2016年），『対話　沖縄の戦後』（吉田書店，2017年）Total War and “Modernization”（Cornerll University, 1998）など．

時代への向き合い方
—老年期の学問・高齢社会・協同主義

2021年 12月20日　発　行

著　者　雨宮 昭一

発行所　丸善プラネット株式会社
〒101-0051 東京都千代田区神田神保町二丁目17番
電話 (03) 3512-8516
http://planet.maruzen.co.jp/

発売所　丸善出版株式会社
〒101-0051 東京都千代田区神田神保町二丁目17番
電話 (03) 3512-3256
https://www.maruzen.publishing.co.jp/

組版・月明組版／印刷製本・富士美術印刷株式会社

ISBN 978-4-86345-502-3　C3036　Printed in Japan